関西学院大学研究叢書第167編

宗教の社会貢献を問い直す

ホームレス支援の現場から

白波瀬達也
Tatsuya Shirahase

ナカニシヤ出版

宗教の社会貢献を問い直す――ホームレス支援の現場から　＊　目次

序章　「宗教の社会貢献」を問い直す――ＦＲＯという概念を用いた考察 …… 1

第一章　日本におけるホームレス支援と宗教の関係 …… 21

序章　「宗教の社会貢献」を問い直す

――ＦＲＯという概念を用いた考察

はじめに

近年、日本における宗教団体・宗教者の社会活動・福祉活動に関する研究が宗教社会学およびその周辺領域で盛んになっている[1]（三木編 2001、金子 2002、ムコパディヤーヤ 2005、稲場・櫻井編 2009）。二〇一一年に生起した東日本大震災以降は宗教団体・宗教者による支援活動が多く生み出された。また、そうした担い手を専門的に養成するプログラムが大学に設置されたことで、社会的な関心も高まっている。

東日本大震災が、多くの研究者が宗教団体・宗教者の社会活動・福祉活動に着目するきっかけとなったことは間違いない。しかし、実際にはその前から確実に関心は高まっており、筆者は二つの大きな背景があると考えている。第一に、近年の「社会福祉の分権化・民営化」という大きなコンテクストのなかで、宗教団体および宗教に関連の深い組織が非営利セクター・ボランタリーセクターのひとつとして社会参加する機会が増してきていることを指摘できる。すでに欧米諸国では二〇〇〇年頃から宗教団体および宗教と関連の深い組織をソーシャル・キャピタルとみなす研究（Smidt 2003）や、社会政策や都市ガバナンスの担い手とみなす研究（Chapman 2009）が広がっているが、日本もこのような研究動向に少なからず影響を受けていると考えられる。[2] 第二に、近年の公益法人制度改革のなかで、税制優遇されている宗教法人に対する公益性が厳しく問われており、宗教団体・宗教者が社会貢献活動に意識的になっていることを指摘することができる（臨床仏教研究所編 2009）。

一方、宗教に対する社会的信頼が相対的に薄い日本では、宗教団体・宗教者の社会活動・福祉活動がマスメディアによって取り上げられる機会は少なく、それに比例するように社会的認知も乏しい。こうしたことは実証的な研究からも明らかになっている。たとえば、吉野航一と寺沢重法は二〇〇四年一月一日から二〇〇八年一二月三一日までの五年間分の「宗教の社会活動」に関する二二〇八件の新聞・雑誌記事の分析から、以下の二点を特徴として指摘している。①一般の読者にとって違和感のないホスト文化である伝統仏教の活動が多く報道されるのに対し、キリスト教と新宗教の活動の報道は少ない。②宗教の社会活動自体は事実として報道されるが、その活動や活動を担う宗教そのものについて深く考察されることはない（黒崎・吉野・寺沢 2009）。

このような状況のなかで宗教団体・宗教者の社会活動・福祉活動を客観的に評価することが研究者たちの共通課題となっていることを指摘できよう。[3] 二〇〇九年に刊行された稲場圭信・櫻井義秀編

『社会貢献する宗教』（世界思想社）は宗教団体・宗教者の社会活動・福祉活動の包括的な把握を試みた野心的な内容で、タイトルが示すとおり、「宗教の社会貢献」という概念に関心の重点をおいている。同書のなかで稲場は「宗教団体・宗教者、あるいは宗教と関連する文化や思想などが、社会の様々な領域における問題解決に寄与したり、人々の生活の質の維持・向上に寄与したりすること」（稲場 2009:40）を「宗教の社会貢献」と定義している。稲場はこの用語を使用することで日本社会のなかであまり認知されていない宗教の社会的機能を浮き彫りにするだけでなく、宗教団体に対してもその自己認識を深める契機をつくるうえで意義があると述べている。また、同書で櫻井義秀は「社会貢献はいうまでもなく、宗教の社会に対する正の機能を評価した言葉である。正負の機能があるとすれば、正の機能が発現される条件を検討し、それが可能となる社会を展望することこそ、社会科学が当然なすべきことではないだろうか」（櫻井 2009:4–5）と述べている。

両者に共通しているのは宗教団体・宗教者の社会活動・福祉活動を「社会貢献」という用語で研究しようとする視座である。しかし、実際には「宗教の社会貢献」という概念は漠然としており、その含意が研究者間で十分に共有されているとは言い難い。そこで本章は二つの方向から「宗教の社会貢献」という研究視角の再考を迫る。ひとつは「宗教」という概念の不明瞭さを指摘し、組織形態に着目した「宗教と結びつきのある組織（Faith-Related Organization）」という視座の有効性を論じる。もうひとつは「社会貢献」という概念で捉えられる活動内容が限定的であることを指摘し、より社会活動・福祉活動という概念を使用する意義を述べる。

1．ＦＲＯという視座

1-1．ＦＢＯとＦＲＯ

稲場圭信が「宗教の社会貢献」を定義するとき、そこで示される宗教は「宗教団体・宗教者、あるいは宗教と関連する文化」（稲場 2009:40）を指しており、曖昧模糊としている。このような宗教の捉え方は実体的なものからそうでないものまでを含んでしまうため、社会学的な比較分析にあまり適合的ではない。

そこで本書では対象の比較検討を可能にするため、組織面に着目した「宗教と結びつきのある組織（Faith-Related Organization、以下、ＦＲＯ）」という概念を使用する。なお、ＦＲＯという用語は学問領域のなかで定着した概念ではなく、一般的には「宗教に基盤をおく組織（Faith-Based Organization、以下、ＦＢＯ）」という概念が用いられる傾向がある。特に欧米ではキリスト教をはじめとするＦＢＯの福祉活動が盛んであり、それらが地域福祉や公共政策の一端を担うことも少なくない。そのためＦＢＯの研究もまた社会科学の領域で盛んである。

しかし、筆者は Faith-Based という言葉のニュアンスが日本の状況にあまり適合的ではないと考えている。日本の場合、宗教団体を母体とする組織がないわけではないが、社会福祉や公共政策の領域におけるプレゼンスは欧米のように大きくない。むしろ日本では特定の宗教をもつ者がそうでない者とコラボレーションをするなかで事業が展開されていたり、宗教団体が公的機関との協働を展開するために便宜的に世俗的な法人として活動をおこなったりするケースが目立つ。筆者はこうした特徴を考慮し、宗教との強い結びつきを想起させやすいＦＢＯではなく、ＦＲＯという概念を本書で使用することにする。そしてFaith-Related Organizationを「宗教団体・宗教者と結びつきのある組織」と定義し、従来の研究の見落としの補完を試みる。

1-2. アンルーとサイダーによるＦＢＯの五類型

では、ＦＲＯとはどのような特徴を有しているのだろうか。以下では、アメリカ合衆国をフィールドに研究をおこなっているアンルーとサイダーの議論（Unruh and Sider 2005）を参照しながら、ＦＲＯという用語で捉えうる組織の範囲を整理する。彼らはソーシャル・サービスをおこなう組織とプログラムにおける宗教的特徴を図表序-1のように五つに類型化している。

この五類型はあくまでも理念型であるため、それぞれの境界が曖昧であることは否めないが、宗教と結びつきのある組織が多様な形態をもっており、宗教的信念へのコミットメントの程度にも幅があることを示唆している。アンルーとサイダーの類型にしたがうならば、①と②に関しては、外見上、宗教的装いをもった活動であることから、「宗教団体」と捉えても差し支えない[4]。しかし、③、④、⑤は宗教活動を積極的におこなうことがなく、宗教的装いも明示的でない。また、組織のスタッフも必ずしも特定の宗教の信者が大半を占めるわけではないため、それらを「宗教団体」と括ることには無理があるだろう。一方で③、④、⑤を世俗的な組織と同一視してしまうと、その組織に重要な影響を与えている宗教との関係を見逃してしまう。本書が提唱するFROという概念は、既存の研究枠組みではばらばらに考えられがちな①〜⑤までをひとつのモデルを通して広範に見渡すことができるという点で、非常に有効性がある。

なお、日本は欧米と異なり、①と②のプレゼンスは相対的に小さい。一方、③、④、⑤については日本において広くみられるものであり、特に⑤については今後の公共政策のひとつのモデルになりうるものだと筆者は考えている。

次節ではFROという概念を援用して、日本の近代以降の社会福祉と宗教の関係を捉え直し、どのような領域においてFROの活動が顕著にみられるのかを明らかにする。(5)

2. 日本におけるFROの歴史的展開

2-1. 戦前・戦中におけるFRO

室田保夫は近代日本の社会福祉の歴史をたどるとき、民間の社会事業家の活躍に瞠目すべきものがあり、そうした人々は仏教者、キリスト者に代表されるごとく、宗教家が多いのも特徴だと論じている(室田 2001)。こうした主張に代表されるように、日本における近代以降の慈善事業・社会事業に宗教が深く関連してきたことは異論の余地がない。しかし、こうした着眼が社会福祉の戦後の展開を

① Faith-Permeated Organizations
宗教的信念との結びつきが、理念、スタッフ、ガバナンス、支援など、あらゆるレベルで明白な組織。その組織の活動は宗教的内容を含んでいる。
② Faith-Centered Organizations
宗教的目的のために設立され、今日においても大部分において、特定の宗教団体が資金源となっており、特定の宗教の信者であることが入会・入社条件となっている組織。組織のスタッフの大半は信仰的コミットメントを共有している。参加者（利用者）による選択の余地は残されているものの、その組織の活動は明確な宗教的内容を含んでいる。
③ Faith-Affiliated Organizations
宗教的な設立者の影響が一定程度残っている組織。組織のスタッフに宗教的信念や宗教的実践への賛同を要求せず、明確な宗教的内容をもった活動はない。しかし、参加者（利用者）に対し、スピリチュアルな資質を育成したり、婉曲的に宗教的メッセージを伝達したりすることがある。
④ Faith-Background Organizations
今日では世俗的だが、歴史的に宗教的伝統と結びつきがある組織。何人かのスタッフは宗教（的信念）に動機づけられるが、信仰へのコミットメントはスタッフの選定条件にはならない。その組織の活動は宗教的内容を含まない。
⑤ Faith-Secular Partnership
世俗的な組織と宗教団体との結合体。その組織は基本方針においては典型的に世俗的だが、ボランティアやその他のサポートにおいて宗教団体とのパートナーシップに依存している。

図表序-1　アンルーとサイダーによる五類型

捉える際に適用されることは稀である。つまり、宗教と慈善事業・社会事業の関係を扱う研究は社会福祉学における歴史分野で盛んに進められているが、それらはおもに戦前・戦中までを扱っており、戦後の展開を捉える視座が乏しい(6)。

たしかに戦後の社会福祉は国家責任のもとでおこなわれるようになったため、一見、宗教との関係は断絶したかのようである。しかし、実際は社会福祉法人のなかに宗教的信念を背景にもつ組織が少なくない。戦前・戦中のように宗教を教化・感化の手段として積極的に活用することが希薄になったとはいえ、FROという視座を導入するならば、戦後においても宗教と社会福祉の関係は継続していると捉えることができる。このような問題関心に基づき、以下では明治期から今日に至るまでのFROと社会福祉のかかわりを通時的に概観する。

明治期から第二次世界大戦時までの日本は、西洋先進国に比べ、遅れて資本主義の道を歩んでいたために、「西洋列強国の仲間入りを果たすためには、資本蓄積・軍事優先の国家政策のもと、どうしても社会事業などの分野は切り捨てられるか、後手に回らざるをえなかった」（室田 2003:44）。その結果、「無数の貧民や養護児童、無告の民が、社会的原因の帰結として形づくられていくことになった」（室田 2003:44）。このように公的な福祉サービスが未整備かつ制限的な状況のなかで、民間の事業体は主要な福祉サービスの供給や人権擁護の担い手として勃興するようになった(7)。なかでもキリスト教を母体にしたFROは開拓的・先駆的な役割を担ってきたといえよう(8)。公的な援助がなかったり、不十分であったりするなかで、宗教的信念はFROが福祉活動を実践する際の重要なエートスを提供してきたと考えられる[9]。当時のＦＲＯの多くは特定の信仰的価値に基づき活動を展開していったし、そこでは対象者に宗教の価値を伝達することも珍しくなかった。当時は社会福祉における公私分離の原則がなかったため、曖昧な公私関係や、社会事業と宗教活動の未分化状態が顕著にみられた。

2-2．戦後・高度経済成長期のＦＲＯ

しかし、戦後、ＧＨＱの政策により、国民の生存権に対する国家責任が明確になり、それを民間に転嫁することを禁ずる公私分離の原則が打ち出されるようになるなど、日本の社会福祉のあり方はドラスティックに変容した（北場 2005）。この公私分離政策は、これまでの「官民一体」方式を否定し、民間社会事業に対する補助金を禁止した。一九四七年に施行された日本国憲法八九条も「公の支配」に属さない民間社会福祉事業に対する公的助成を禁止した（北場 2005）。これらによって、ＦＲＯは財政面で大きな痛手を負うことになったのである。そして、ＦＲＯが有していた社会福祉領域におけるプレゼンスは徐々に縮小していったといえるだろう[10]。

ただ、戦後、ＦＲＯが消滅したわけではなく、そのうちのいくつかは、一九五一年の社会福祉事業法制定以降、「公の支配に属する」法人として創設された社会福祉法人として活動するようになった[11]。社会福祉法人になったＦＲＯは安定的な財源を得ることができるようになったが、一方で法によって活動内容が厳密に規定されるようになった。このことによって従来、組織運営の根幹にあった宗教活動が制限されるようになったことは言うまでもない。こうした状況については阿部志郎が鋭い指摘をしている。

現在、キリスト教を含めて民間社会事業の経費の約九〇％は政府からの委託費収入に依存していると推定される。けれども、委託費は政府から無条件で支払われるのではない。委託された業務と財務内容について政府の監督と干渉を拒むことはできない。〔中略〕民間施設における公的責任は質的にも増大し、拘束と制約を受け、その独自性を失いつつある。〔中略〕現在の民間施設は公的支配を受け、政府の下請機関化せざるをえないのが現実である。（阿部 2001:135）

このような構造のもと、戦後のＦＲＯは宗教活動と福祉活動とが分離していくようになったと考えられる[12]。アンルーとサイダーの五類型を借用し解釈するならば、戦前・戦中に① Faith-Permeated Organization や② Faith-Centered Organization としての性格が色濃かったＦＲＯの多くは、戦後に社会福祉法人となり、その活動領域・活動形態が制約されていくなかで、③ Faith-Affiliated Organization や④ Faith-Background Organization へと変容していったと考えられる。そして国家主導の福祉政策が強大化していくなかでＦＲＯはそのプレゼンスを低下させてきたといえよう。

2-3．低成長期以降のＦＲＯ

しかし、低成長期以降、福祉国家路線の見直しが進むなか、ＦＲＯを取り巻く状況は大きく変容してきた[13]。一九八〇年代にはイギリスとアメリカ合衆国を中心に、公的セクターによって一元的に供給されてきた福祉サービスを代替するものとして、市場セクター、ボランタリーセクターおよび家族・友人・近隣などによって構成されるインフォーマルセクターによる多元的サービス供給システムを福祉政策の基盤とする「福祉多元主義」が影響力をもつようになった[14]。日本も経済成長が頭打ちになるなか、福祉ニーズの増加・多様化や公費支出削減に対応するべく福祉多元主義を政策に取り入れてきた。その端的な例が一九九八年以降の「社会福祉基礎構造改革」であり、これによって福祉サービスの供給体制が大きく変化した。

これまでの福祉サービスの供給者は原則的に地方自治体や社会福祉法人に限られてきたが、社会福祉基礎構造改革によって新たに民間営利団体や民間非営利団体が社会福祉分野に参入するようになった。そして、こうした動きのなかの一部にＦＲＯが参入しているのである[15]。福祉国家形成期においては、ＦＲＯの自律的な実践は公共領域から排除されてきたが、福祉多元主義が標榜される今日、ＦＲＯが公共領域に進出する契機は増しつつある。ただ、宗教的価値の伝達を戦前・戦中のように直接的におこなうことは稀である。また、特定の宗教を想起させる組織の名称やシンボルを用いないＦＲＯも多い。

価値の多元性が尊重される現代社会では、宗教団体・宗教者が宗教的性格を隠匿する傾向がみられる。こうした事例は特に災害支援のフィールドにおいて顕著である（国際宗教研究所編 1996; 三木編 2001; 稲場・黒崎編 2013）。特定非営利活動促進法ができた一九九八年以降は、宗教団体・宗教者が中心になりながらも宗教的装いをもたないＮＰＯが台頭するようになっている。したがって、現代のＦＲＯは宗教との結びつきをもちつつも、可視的でないケースが多々あり、外側から把握することは容易ではなくなっている。

ここまで戦前から今日までに至るＦＲＯの社会的布置の変遷を概観してきたが、それぞれの時代によって実践方法や活動領域が異なっていることがうかがえる。しかし、どの時代にも通底しているのは、制度化が不十分な領域においてＦＲＯの活動が顕在化しているということである[16]。戦前・戦中期は、先述したとおり、社会福祉制度が未整備であったために、ＦＲＯが社会福祉領域において大きな役割を担っていた。しかし、戦後・高度経済成長期は、社会福祉制度が整備されるようになり、ＦＲＯのプレゼンスは縮小していった。他方、低成長期以降は分権化が進み、国や地方自治体が、民間活力を積極的に活用する傾向にある。このようなコンテクストのなか、いくつかのＦＲＯは公共領域の一翼を担っているといえよう。

3. ＦＲＯによる社会活動・福祉活動のパターン

前節では日本の社会福祉の歴史を概観することでＦＲＯが戦前から今日に至るまで形を変えながらも連綿と活動を継続させていることを明らかにしてきたが、本節ではＦＲＯの支援アプローチの多様性についての考察を試みる。

宗教学者の岸本英夫は他者に働きかける宗教的行為を「布教伝道」と「宗教的奉仕行為」に分類した（岸本 1961）。岸本によれば、布教伝道は「自分と同じ信仰を、他の人々にも与えようとする努力」（岸本 1961:59）であり、「自分と同じような人生の理想を持ち、自分と同じような人間の問題の解決の方法を実践することが、他の人々にとっても、幸福なはずだという確信をなす」[17]（岸本 1961:59）。一方、宗教的奉仕行為は「宗教的理想にしたがって、現在悩み苦しんでいる人々を、直接に救うことを目的とするものである」（岸本 1961:60）。

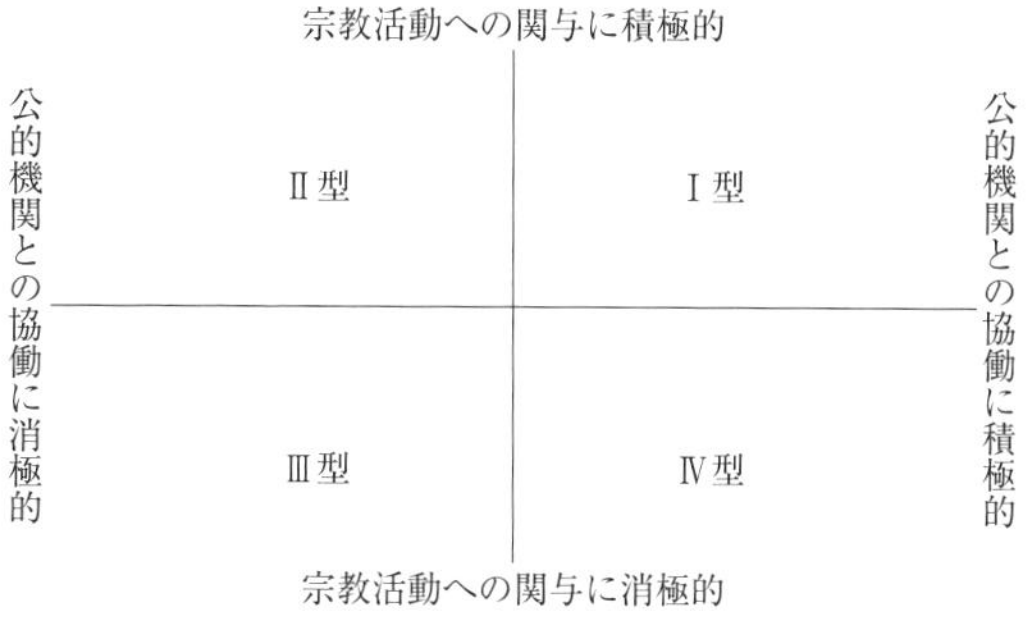

図表序－２

この類型は今日でも有効だが、本書は、岸本の二類型を参照しつつ、「宗教活動への関与」と「公的機関との協働」という二つの変数を用いて四象限モデルをつくり、よりダイナミックなＦＲＯの社会活動・福祉活動の分析視角を提示する[18]（図表序-２）。

Ｉ型は宗教活動をともないながら公的機関と協働しているパターンである。Ｉ型は福祉対象者の道徳的教化を宗教者に期待する風潮が強かった戦前・戦中において数多く存在したパターンであったが、今日の日本では原則的に存在しない。戦前・戦中は政府がＦＲＯに一定の公的役割を委譲していたと考えられるが、戦後は「政教分離」や「信教の自由」が厳密に適用されるなか、Ｉ

型が公然と存在する状況にはない。

Ⅱ型は公的機関との協働関係を積極的には取り結ばず、宗教活動を重視するパターンで、制度化の程度がさほど進んでいない開拓志向の強い発展期のFROに多くみられる[19]。Ⅱ型のFROは信仰を異にするアクターとの協働には消極的である。その結果、同質性が高く、ときに排他的な側面を呈しやすい。また、Ⅱ型は活動の対象者に信仰の熱情を直接的に示し、信仰の内面化を強く期待する。対象者が信仰を内面化する場合、Ⅱ型のFROは親密圏を創出する可能性が高い[20]。一方、対象者が信仰を受容できない場合、支援－被支援の関係のなかで、コンフリクトが発生しやすい[21]。

Ⅲ型は宗教活動を積極的におこなわず、なおかつ公的機関との協働関係もみられないパターンで、比較的制度化が進んだ宗教団体が母体となりやすい。Ⅲ型のFROには活動の自立性を担保するために公的機関との協働を意図的に避けているものと、単に活動規模が小さいために公的機関との協働を必要としないものとがある[22]。Ⅲ型のFROは多元的な価値を内面化しており、異質性に対して寛容であることが多い。また、支援－被支援の相互作用のなかで、宗教の固有価値の伝達を重視しないため、複数の宗教団体との協働や、世俗的なアクターとの協働が展開されやすい。

Ⅳ型は公的機関との協働がみられるパターンで、C型と同様、宗教活動を積極的におこなわず、多くの場合、異質性に対して寛容である。Ⅳ型のFROは、公的機関と協働関係にあることからも推察できるように、公共政策に関わる事業を展開しやすい。特定の信仰を背景にもつ社会福祉法人やＮＰＯ法人がⅣ型の担い手となっている[23]。特定非営利活動促進法（ＮＰＯ法）に「宗教の教義を広め、儀式行事を行い、及び信者を教化育成することを主たる目的とするものであってはならない」（法第2条第2項第2号イ）という条項があることから、NPO法人は宗教と切り離して考えられがちだが、実際に禁じられているのは宗教活動を主たる目的にすることであって、宗教に携わる人・団体がNPO法人を設立できないわけではない。Ⅳ型のFROは多くの場合、公的機関から財政的なサポートを受けるため、Ⅱ型やⅢ型に比べ、安定した事業展開が可能となる(24)。その一方で、公金を用いた事業である場合には、Ⅱ型やⅢ型とは異なり、政府・地方自治体の厳しい規制や監督がともなう。

以上がFROの四象限モデルの特徴だが、それぞれの類型はスタティック（静態的）なものではなく、類型間移動の可能性をもつダイナミック（動態的）なものでもある。FROは必ずしも設立から一貫して同じパターンを維持するわけではない。たとえば、歴史的にⅠ型のFROは戦後の法改正によって、Ⅳ型への移行が進んだ。また、Ⅱ型のFROが宗教的価値の直接的な伝達が困難になるなかでⅢ型のFROに移行することがある(25)。Ⅲ型のFROがより公共性の高い事業を志向する場合にⅣ型に移行することもある。これらの例にみられるようにFROの類型間移動は決して珍しいことではなく、むしろ、この類型間移動に着目することで宗教と社会との関係性を動態的に把握することができると考えられる。

4．「宗教の社会貢献」という研究枠組みを問い直す

4-1．「社会貢献」概念は適用範囲が限定的

ここまで宗教という概念ではなくＦＲＯという概念で宗教団体・宗教者が関与する社会活動・福祉活動を捉えることの有効性を述べてきた。以下ではＦＲＯの社会活動・福祉活動を「社会貢献」という用語で説明することの問題点を論じる。そもそも社会貢献という用語は、原義的には法人または団体、個人による公益に資する活動一般を意味するが、何が公益に資するのか明確な基準があるわけではない。

たとえば、在留資格のない外国人を人道的な観点から支援することは、支援される当事者にとっては利益になる活動だが、政府にとって利益になるとは限らない。こうしたケースにおいて支援者は対象者を「非正規滞在者」と捉えるのに対し、政府は「不法滞在者」と捉えており、在留資格のない外国人の眼差しは両者で大きく異なる。また、公園で野宿者に炊き出しをするケースを想定してみよう。この場合、日々の食事に事欠く野宿者にとってはきわめて有益な活動だが、「一般市民」にとっては、通常の公園利用が妨げられるものとして否定的に捉えられやすい。

このように「社会貢献」という用語は、利害関係者間のコンフリクトが大きな事象を論じる場合には適さない。すなわち、ある特定の集団や個人に有益なものであっても、別の集団や個人が不利益で

あると強く認知する場合、それを社会貢献と安易にみなすべきではない。

また、社会貢献という概念は、すでに公共的な課題になっているものに対応するイメージが付随するが、実際のＦＲＯの社会活動・福祉活動のなかには、いまだ公共的な課題になっていない事象を社会問題化していくようなアクティビズム的性格を備えたものもある。さらに、社会貢献は価値概念であるため、コンテクストによって評価が変わる可能性もある。たとえば、「宗教団体・宗教者の戦争協力」に代表されるように、戦中において「社会貢献」として捉えられたものが、戦後において批判・反省の対象となることもある[26]。このように社会貢献という概念は文脈依存性が強いため、通時的・共時的なアプローチで研究する際には大きな制約がある。

4-2. 「宗教の社会貢献」は布教の取り扱いが困難

前節では「社会貢献」という概念の適用範囲が限定的であることを述べたが、本節では「宗教の社会貢献」という概念がはらむ問題点を指摘する。

近代以降における日本の仏教の社会参加のあり方を研究したランジャナ・ムコパディヤーヤは「宗教者としての認識・責任感が、彼らの社会活動への参加の動機となっている」（ムコパディヤーヤ 2005:294）としながらも、「宗教団体が、公的場において活動をおこなう際に宗教的姿勢を表に出さないこと、または非宗教的団体を通じて社会活動を実践することは、近代における仏教の社会参加の一つのあり方である」（ムコパディヤーヤ 2005:288）と論じている[27]。ムコパディヤーヤは、多元的な近代社会のなかで宗教が社会参加する際、一般社会が受け入れやすいかたちでの社会参加が求められるという前提に立ち、宗教団体の社会活動は、宗教的言説を公共圏に導入するとともに、社会参加において、公的領域の思想・原則の影響も被っているとする。このことをムコパディヤーヤは「近代社会における宗教の社会参加の二重プロセス」（ムコパディヤーヤ 2005:296）と呼んでいる。

「近代社会における宗教の社会参加の二重プロセス」は、別のコンテクストにおいては、「救援と救済のジレンマ」として論じられてもきた。たとえば、天理教の災害救援活動や福祉活動の調査をおこなった金子昭は、宗教不信や教団忌避の傾向が強い日本において、教団の信者は宗教に固有の価値をもつ一方で、教団外の人々は信者による救済行為を必要としないという前提に立ち、宗教団体はその固有価値である「救済」と、一般社会への効用価値である「救援」とのバランスを保つことが重要であると論じている（金子 2002）。また、稲場圭信は「多様な宗教思想や価値観が混交する現代社会にあっては、宗教的伝統を踏まえた開かれた利他性が必要である」（稲場 2009:52）と論じている。

これらの議論にしたがうならば、「宗教の社会貢献」として捉えられるのは、自らの宗教性を顕在化させにくいⅢ型・Ⅳ型に否応なく限定されよう。しかし、実際の現場を詳細にみていくと、ＦＲＯは必ずしも特定の類型のなかで固定的に位置づけられるものではなく、流動性をもつ存在であることがわかる。

「宗教の社会貢献」という用語のなかには露骨な宗教活動が想定されていない。だが、実際にＦＲＯが積極的に社会活動・福祉活動をおこなう場合、意図的か否かは別にしても、宗教活動との切り離しが難しい局面がある[28]。たとえば、支援－被支援の相互作用のなかで、被支援者が苦難の意味づけ、あるいは、スピリチュアルなニーズを支援者に求めてきたとき、支援者が特定の信仰の熱心な保持者であれば、その信仰を伝達する可能性が容易に想像される。

　このように宗教の固有価値の伝達は特定のコンテクストにおいては積極的に受容される場合がある。とりわけ、被支援者が物質的な支援のみならず、生に対する根源的な意味付与を期待する場合はその可能性が高くなるだろう[29]。

5．まとめにかえて

　本章で筆者は宗教の正の機能に関する社会的な認識が不足しているという問題意識から戦略的に「社会貢献」という用語を使うことの意義を理解しつつも、ＦＲＯの実践の多様性を捉えるために「社会活動・福祉活動」という包括的かつ価値中立的な概念を用いる必要があることを指摘した。また、「宗教の社会貢献」という研究枠組みにおいて、宗教という概念が対象を曖昧に捉えていることを指摘し、ＦＲＯという視座を用いる有効性を指摘した。

　特定の宗教的信念に基づいたＦＲＯによる社会活動・福祉活動は、ときに世俗的な価値観と対立することがある。こうした特徴によって、他のいかなるアクターも対処できないような問題にＦＲＯがコミットすることが少なくない。このように社会活動・福祉活動と社会貢献は同義ではないという認識がＦＲＯを考察する際に重要になるのである[30]。

したがって、ＦＲＯの社会活動・福祉活動と宗教活動とを厳密に切り離して考えるのではなく、それらが絡み合う領域にも着目し、他の世俗的な組織と異なるＦＲＯの特徴を浮き彫りにする必要があるだろう[31]。日本ではＦＲＯの社会参加の機運は今後ますます高まることが予想されるが、本格的な研究は緒についたばかりである。以降の章では、上述した四象限モデルをホームレス支援の具体的な事例にあてはめ、現代日本におけるＦＲＯの特性を明らかにする。

第一章　日本におけるホームレス支援と宗教の関係

1．日本におけるホームレス問題の概況

日本ではバブル経済崩壊以降の景気の悪化にともない、求人の減少や雇用の流動化が深刻化し、一九九〇年代中頃から都市社会全域に野宿者[1]が顕在化するようになった。

一九六一年以降、国民皆保険・皆年金体制のもとで、すべての国民は社会保険によって疾病、障害、老齢に基づく貧困を回避する仕組みにカバーされたと考えられてきた。また、失業保険法や労働者災害補償保険法によって失業や労災事故への対処も整えられてきた（岩田 2008）。しかし、野宿者の多くは、断続的な雇用や頻繁な職業移動を経験してきたために、これらのセーフティネットから排除されてきた。社会保険は標準的なリスクに対応したものであり、それでカバーできないものについては、公的扶助が補完する仕組みになっている。ところが、野宿者は福祉行政から住所不定であることや稼

働能力があるとみなされることなどによって生活保護制度から排除されやすかった。

日本における野宿者は中高年の単身男性に集中してみられる。このことは彼らが労働市場から「雇用するに値しない」と見切られると同時に、福祉行政からは「稼働能力はある」とされ各種の社会福祉サービスへのアクセスを断たれてきたことを意味する[2]。こうした背景のもと、大都市を中心に野宿者が急増し、社会問題化した[3]。

岩田正美は一九九〇年代以降におこなわれた各種のホームレス調査から野宿者の特徴を以下の五つにまとめている。

①五〇代を中心とする男性単身者、②半分以上は未婚者で、離別経験者も多い、③一番長く従事していた仕事は常勤職が多く、社会保険のカバー率も高い、④学歴は中卒の割合が高い、⑤失業だけでなく、倒産、離婚、多重債務、疾病、収入低下など多様な問題から家を失っている、などである。不思議なことに、時期や地域が異なっても、主な特徴にそれほどの差はない。（岩田 2008:62）

岩田は一九九九年に東京都内でおこなった路上生活者調査の分析から、社会的に排除される軌跡を、「①最長職は安定しており、路上直前まで普通住宅に住んでいた人々が急に路上へ出現した形態＝転落型と呼ぶ、②最長職は安定しており、最長職のときから、あるいは路上直前に労働型住宅に移動し、その後路上へ出てきた人々＝労働住宅型と呼ぶ、③最長職時から不安定職にある人々＝長期排除型と呼ぶ」（岩田 2008:65）の三つのパターンに類型化した。そして三つに分類されない少数ケースを除くと、①は三五・〇％、②は二八・九％、③は三五・三％であることを明らかにしている（岩田 2008）。

岩田は野宿者が経験する社会的排除の形を「社会からの「引きはがし」」と「中途半端な接合」という概念を使って説明する。前者は「いったんは社会のメインストリームにしっかり組み込まれた人々が、そこから一気に「引きはがされて」、定点を失うような形」（岩田 2008:75）を意味しており、「転落型」を典型とする。一方、後者はメインストリームへの参加それ自体を十分に経験しておらず、「途切れ途切れの不安定な就労が唯一の社会参加のチャンネルであって、結婚もしていないし、多くは自分の住居の形成も不確か」（岩田 2008:76–77）な様態を意味しており、「長期排除型」を典型とする。「労働住宅型」も中途半端な接合の一形態であると岩田は指摘している（岩田 2008）。

また、後藤広史は野宿者に特徴的な社会的排除のプロセスを、①職業・住居の喪失、社会構成員としての存在証明からの排除、②親密な人間関係からの排除・離脱、③自尊感情の喪失による自分自身からの排除、の三側面から説明している。後藤は、この三側面が排除の深化の段階を示すものではなく、相互に関連しながら生じることを指摘している（後藤 2013）。

2. 公的なホームレス対策

野宿者が顕在化した当初は彼らを支援する制度的な枠組みがほとんどない状態であった。そのため、ボランティア団体などの市民セクターがもっぱら支援の担い手であった。一方、野宿者の存在が大きな社会問題となった二〇〇〇年頃からは、国レベルの対策が求められるようになった。二〇〇二年には、「ホームレスの自立の支援等に関する特別措置法」[4]（以下、ホームレス自立支援法）が施行されてからは、大都市圏を中心に自立支援センター等の施設が整備されるようになった。また、二〇〇三年にはこれまで野宿者への適用が差し控えられてきた生活保護制度のあり方が見直されるようになった[5]。これらの取り組みによって、二〇〇三年の時点で約二万五〇〇〇人いた野宿者は年々減少し、二〇一四年の時点で約七五〇〇人となっている。

野宿者の数だけをみてみるとホームレス問題は解決に向かって進んでいるように見受けられる。しかし、ホームレス自立支援法は野宿者を、①就労する意欲はあるが仕事がなく失業状態にある者、②医療・福祉等の援護が必要な者、③社会生活を拒否する者、の三つに類型化しているように、公的なホームレス対策は選別的性格が強い。山田壮志郎の議論を援用するならば、政府や地方自治体などの公的機関は、①に該当する野宿者にはおもに自立支援センター等の施設を活用した「就労自立アプローチ」で対応し、②に該当する野宿者にはおもに生活保護制度を活用した「福祉的アプローチ」で

	男性	女性	不明	合計
2003年	20, 661	749	3, 886	25, 296
2007年	16, 828	616	1, 120	18, 564
2008年	14, 707	531	780	16, 018
2009年	14, 554	495	710	15, 759
2010年	12, 253	384	487	13, 124
2011年	10, 209	315	366	10, 890
2012年	8, 933	304	339	9, 576
2013年	7, 671	254	340	8, 265
2014年	6, 929	266	313	7, 508

図表１－１　全国の野宿者数

（出典　厚生労働省　ホームレスの実態に関する全国調査）

対応してきた。一方、③に該当する野宿者には公共空間からの追い出しをも辞さない「退去アプローチ」を適用してきた[6]（山田 2009）。

ホームレス対策が排除と密接に絡み合う状況について堤圭史郎は次のように論じている。

「包摂」のプロジェクトが進行すると同時に「排除」の圧力が強まっている。それは〈ホームレス対策〉の青写真そのものが、業績主義・能力主義イデオロギーを色濃くビルトインしたものだからであろう。社会問題への行政的介入において、その問題が持つ多様性を単純化した類型に整理し、類型ごとに制度や事業を割り当てて対応することはつきものであるが、このような「合理的な選別」を志向した類型は都市住民の野宿者への対象把握と表裏をなしている。〔中略〕野宿者への類型的な理解に基づいた「包摂」のプロジェクトは、「排除」カテゴリーとしての野宿者像を必然的に再生産し、「排除」への圧力を強めているのである。（堤 2010:15）

山田や堤の指摘から、公的なホームレス対策は就労意欲や病状を目安にし、「救済に値する野宿者」と「救済に値しない野宿者」を選別してきたことが明確にうかがえよう。より具体的に述べるならば、公的なホームレス対策の担い手は、就労意欲があるとみなした者や、就労ができないような病気や障がいがあるとみなした者を包摂しようとするが、自立プログラムを拒否する者や適合できない者を「自己責任」の名のもとに排除してしまうのである。

一般的に公的なセーフティネット（公助）が十分に機能しない場合には、地域社会によるセーフティネット（共助）が期待されるのだが、金子充らがおこなった調査[7]が明らかにしたように、野宿者は地域社会から道徳的逸脱者として負の眼差しを向けられ、援助が否定される傾向が強い（金子 2004）。また、野宿者が襲撃を受けることも少なくなく、過去には死亡事件なども起こっている[8]。東京都内で貧困問題に取り組む「NPO法人自立生活サポートセンター・もやい」などが二〇一四年に実施した調査は、調査対象となった三四七人の野宿者のうち、約四割に相当する一二六人が「襲われた経験」をもつことを明らかにしている[9]。

3. 民間団体によるホームレス支援

公的なセーフティネットからも地域社会からも排除されがちな野宿者に対して積極的な支援をおこなっているのが民間の支援団体である。野宿者のなかには、廃品回収などの雑業で一定の収入を得ている者もいるが、多くの場合、自分自身の衣食住を十分にまかなうほどの余裕はない。したがって、野宿者にとって民間の支援団体は好むと好まざるとにかかわらず、関係を取り結ぶ存在なのである。

山北輝裕は二〇〇二年から一〇年の時限立法として成立した「ホームレス自立支援法」の展開を前半期と後半期とに分類した。そして前半期の特徴を以下の四点にまとめている。第一に六五歳未満の野宿者は生活保護（アパートでの居宅保護）の受給が困難であった[10]。第二に寄せ場からの析出もあり五〇～六〇代の単身男性が野宿者の大半を占めていた。第三に運動団体と行政との協調がはじまる一方で、路上で一時的に暮らす権利を訴える「路上の運動」が存在し、行政と対立していた。第四に公園で暮らす野宿者が端的に減少する一方で、彼らの受け皿は自立支援センターに限られる傾向があった（山北 2014）。

こうした状況下、ホームレス支援団体の取り組みは都市部を中心に活発化した。山北は同時期のホームレス支援団体の言説を、①自立の意志を基調とした「包摂へのステップ」と②「社会変革」とに大別し、両者の特徴の相違を指摘している。前者では野宿状態から「よりましな居住形態にステップアップする現実策が提示され」（山北 2014:14）、後者では「野宿をめぐるスティグマ、解釈、コミュニケーションの社会的パターンに根ざす不公正を是正するために、対抗的な表象を積極的に打ち出していく」（山北 2014:15–16）活動が展開された。

このような指摘はホームレス支援団体の活動の方向性を的確に示している。その一方で、ホームレス支援団体やそこにかかわるメンバーがどのような価値や規範を内面化し、これらの活動をおこなっているのか、すなわち活動の背景が十分にわからないままとなっているといえよう。

そこで本書では、民間のホームレス支援団体を便宜的に「世俗的な組織（Secular Organization）」と「宗教と結びつきのある組織（Faith-Related Organization ＝以下、ＦＲＯ）」とに大別し、これまでほとんど研究が進められてこなかった後者の実態を明らかにする。こうした分類は日本ではまだ十分に馴染みがないが、公共領域における宗教のプレゼンスが相対的に大きい欧米では定着している。たしかに日本のボランタリーセクターないしは民間非営利セクターを全体として捉えた場合、必ずしも欧米のようにＦＲＯが目立った働きをしているわけではない[11]。

しかし、ホームレス支援という分野に限っていえば、そのインパクトは大きく、先の分類を活用する意義が大きいと考えられる。実際にホームレス支援団体のなかで、ＦＲＯはどのような布置になっているのであろうか。全国のホームレス支援団体を束ねるＮＰＯ法人「ホームレス支援全国ネットワーク[12]」は二〇一四年の時点で七六団体九人の個人で構成されているが、このうちの二三団体は明確にＦＲＯであり、全体の約三〇％を占めている[13]。また、ホームレス支援をおこなうＦＲＯのなかにはホームレス支援全国ネットワークに加盟していないケースが多数ある。以上のことを考慮するならば、ホームレス支援におけるFROのプレゼンスは相当に大きいことがうかがえよう。

一方、日本をフィールドにしたホームレス支援の先行研究においては、その担い手が世俗的な組織であるかFROであるかはほとんど考慮されてこなかった。[14]この傾向を反映するように、先行研究で取り上げられてきた民間のホームレス支援団体の多くが「世俗的な組織」となっている[15]（田巻1995; 青木2000; 藤井・田巻2003; 麦倉2006; 山北2014）。なかにはFROを調査対象としたものもあるが、その固有の特性を分析の俎上に乗せていない（山崎・奥田・稲月・藤村・森松2006; 堤2007; 後藤2013）。

たとえば、後藤広史は著書『ホームレス状態からの「脱却」に向けた支援』（後藤2013）のなかで東京の寄せ場、山谷を拠点に活動を展開するNPO法人「山友会」を事例に取り上げているが、同会がカトリックの「メリノール宣教会」によって設立されたことについては言及していない。後藤は山友会を「一九八四年から三〇年近くにわたり、山谷地域で「無料クリニック」を中心に、ホームレス等の生活困窮者に対する支援を行ってきた民間の支援団体である」（後藤2013:131）と説明しており、同会がFROであることは著書からは確認できない。

後藤は同書で山友会がホームレス状態を脱却した人々が集える「支援的機能を伴った場」（以下、「場」）を提供し、「親密な人間関係の形成」や「自尊感情の回復」をもたらしていること明らかにしている。そして、こうした「場」を保障することがホームレス状態からの「実質的な脱却」の実現につながると指摘している（後藤2013）。筆者は後藤の研究意義を十分に認めつつも、山友会の場合は、同会とＦＲＯに特徴的なミッションおよびヒト・カネがどのように連関しているのかを分析することなしに、包摂的な「場」が形成される条件を十分に説明できないと考える。先述したとおり、野宿者は道徳的逸脱者として負の眼差しを向けられ、援助が否定される傾向が強い。こうした社会的排除が横行するなか、「どのような主体が、いかなる信念のもと、何を目指してホームレス支援をおこなっているのか」を分析することの意義は大きいと筆者は考える。

4. ボランティア研究、ＮＰＯ研究における宗教の位置づけ

近年、社会学およびその周辺領域においてボランティアやＮＰＯといった「新しい公共」の担い手の研究が進んでいるが、宗教とのかかわりを把握したものは少ない。実際にボランティアやＮＰＯの担い手のなかには伝統的コミュニティによる相互扶助や宗教を基盤にしたものが存在するが、日本で進められているボランティア研究やＮＰＯ研究は、ボランティアを新しい市民意識に基づいた自発的な活動だと捉える傾向があり、宗教を研究視角から排除しがちである。

長谷川公一は一九七〇年代以降、「政府の失敗」、「市場の失敗」、「家族・コミュニティの失敗」を補完するものとして市民セクターへの期待が高まってきたと指摘している。そして長谷川は行政や企業とコラボレーションをおこないながら、これらと緊張関係をもちつつ、カウンターパワーとして社会的監視機能を強化し、社会問題・公共的な課題の発見につとめ、問題の究明力と政策提言能力、対

案の提示能力を高めていくことがＮＰＯを中心とする市民セクターに求められる役割だと論じる（長谷川 2000）。こうした研究視角において宗教やＦＲＯはほとんど正面から扱われることはなかった。むしろそれらは時代遅れなものとして排除される傾向さえあったと考えられる。

たとえば、金子郁容はボランティア活動が、宗教的動機づけではなく、「ひ弱さ」、「傷つきやすさ（vulnerability）」を背景にした他者との相互的な関係性から生成されると論じている（金子 1992）。また、西山志保はこれまでボランティアが過剰な思い入れや信仰に基づくものとイメージされてきたのに対し、一九九〇年代はじめから、ボランティアを他者との関係性から捉える議論が注目されるようになったと論じている（西山 2007）。西山は人間が無意識のうちに他者から苦しみを受ける「弱い存在」であり、他者の痛み、苦しみへの感受性という受動的な身体性をもつと捉え、人間の実存や存在の次元における関わりにボランティアの本質を見出している（西山 2007）。

これらの指摘はたしかに近年のボランティア活動の動機や論理をおおむね言い当てたものになっているが、新しいボランティア像を強調しようとするあまり、宗教とボランティア活動との結びつきを等閑視してしまっている。また、「ひ弱さ」、「傷つきやすさ」、「他者の痛み、苦しみへの感受性」といったものをアプリオリに捉えているところに筆者は違和感をおぼえる。とりわけ、野宿者は「共感・連帯できない他者」として人々に認識される傾向が強いことを確認する必要があるだろう。このことについては仁平典宏が重要な指摘をしている。

多くのボランティア論で応答すべき他者とは、親密な他者のほか、ドミナントな道徳的規準によって共感可能とされる他者であり、実際ボランティアが盛んな領域は、本人の責任でなく偶有的に生じた困難に苦しんでいると認識される「弱者」としての他者支援の活動である。その一方で、自己責任（怠惰、やる気・モラルがない、無謀等）の結果と表象され、時に我々に象徴的・直接的な危害を及ぼしうると表象される〈他者〉に対しては、端的な排除で臨まれる（仁平2005:491）。

仁平が指摘するように、支配的な道徳的基準から逸脱していると考えられがちな人々に対して善意や共感は容易に発露されるものではない。したがって、ホームレス支援にみられる善意や共感をアプリオリに捉えるのではなく、それらの源泉となる信念や規範を明らかにすることが重要だと筆者は考える。

近年、社会学的な計量調査研究においては欧米のみならず、日本においても宗教とボランティア行動の相関関係が強いことが実証されはじめている。たとえば、寺沢重法は、欧米の宗教社会学、ボランティア研究、市民社会論などにおいて、「宗教と社会活動」というテーマが盛んに論じられる重要な研究テーマであることを述べたうえで、その日本でのありようを世界価値観調査（World Value Survey）日本版データの第二回調査（一九九〇年実施）と第四回調査（二〇〇〇年実施）のプールデータの分析を通じて明らかにしている。それによれば、宗教施設の「非参加層」に比べて「定期的参加層」のほうがボランタリー組織に所属する傾向があり、ボランティア活動をおこなう傾向もあることが実証された（寺沢 2012）。さらに寺沢はＪＧＳＳ蓄積データ二〇〇〇〜二〇〇二を分析した[16]。その結果、「無宗教」の人に比べて、何らかの宗教属性をもっている人はボランタリー組織に所属する傾向があることを明らかにしている[17]（寺沢 2013）。

また、三谷はるよは二〇一三年に大阪大学大学院人間科学研究科によって実施された郵送質問紙調査の分析から「祈りを頻繁にする人や加護観念の強い人が、ボランティア活動に参加する傾向がある」（三谷 2014:11）ことを実証した。さらに三谷は特定の教団に所属していない人々のボランティア行動が宗教性[18]によって促されていることも明らかにしている。

これらの計量調査研究において明らかにされた知見をふまえたうえで、本書では質的調査に基づき、ＦＲＯによるホームレス支援の実態把握を試みる。

5．ホームレス支援におけるＦＲＯの位置

先述したとおり、先行研究ではほとんど取り上げられていないものの、ＦＲＯは主要なホームレス支援の担い手である。野宿者の多くは、信仰の有無にかかわらず、数少ない支援者としてＦＲＯと日常的に関係を取り結んでいる。筆者が確認するかぎり、一部の既成仏教、新宗教を除いて、ホームレス支援をおこなっているＦＲＯはもっぱらプロテスタント教会およびカトリック教会と関係が深い[19]。

同様のことはエドワード・ファウラーの著名なエスノグラフィー『山谷ブルース』でも指摘されている。

> 山谷を含めて東京全体に点在する地元神社や寺などの資力がある施設は所有地の駐車場や幼稚園からの金儲けに忙しく、路上生活者にまで気が回らない。夜間だけ教会やシナゴーグを短期宿泊所に転用する、米国では根付いている伝統も日本ではまったく見られない。この「神と仏の地」で、宗教関係のボランティア団体はほとんど一〇〇%がキリスト教関係で神道と仏教でないことは記載に値する。（Fowler1996＝2002:355）

ファウラーの指摘は少々誇張があると思われるが、おおむね実態を言い当てている。あいりん地域や山谷などの寄せ場では、野宿者の存在が社会問題化する以前からキリスト教系のＦＲＯが複数活動し、社会的に排除された人々を包摂してきた。また、野宿者が点在し、社会問題化しにくい地方都市においては、野宿者に特化した公的な施策が展開されていないことが多い。そのためＦＲＯが唯一のホームレス支援の担い手であることが少なくない。

ＦＲＯのホームレス支援と一口にいってみても、組織構造や支援の理念・目的・方法などは担い手によって大きく異なる。また、ＮＰＯ法人格を取得し、「世俗的な支援団体」と近似したホームレス支援を展開しているＦＲＯがある一方で、宗教法人として宗教活動を積極的におこないながらホームレス支援を展開しているところもあり、一枚岩ではない。

以上の点を念頭におき、本書はホームレス支援というフィールドを手がかりに、これまで日本のアカデミズムにおいて見過ごされたり、周辺的に扱われてきた宗教と社会活動・福祉活動の関係をFROという観点から捉え、その特徴を序章で提示した四象限モデルの活用を通じて体系的に論じていく。

第二章　あいりん地域におけるＦＲＯの展開

はじめに

本章は一章で述べた「ホームレス支援における宗教の社会参加」の様態を具体的に把握するために、大阪市西成区のあいりん地域の事例を取り上げる。あいりん地域は全国最大規模の寄せ場であり、長期にわたり不安定な日雇労働者が暮らしてきた場所である。また、バブル経済崩壊以降は深刻なホームレス問題を経験してきた。こうしたことから、歴史的に多様なＦＲＯがあいりん地域で活動を展開しており、それらの特徴を捉えるうえで恰好のフィールドであると考えられる。本章では、おもにあいりん地域の概要と同地におけるＦＲＯの展開について、通時的・共時的に整理することを目的とする。

1. あいりん地域の概要

1-1. あいりん地域の成立背景

あいりん地域は大阪市西成区の北東部に位置する〇・六二平方キロメートルの地域で、その大部分が俗称「釜ヶ崎」と重なる。花園北一丁目、萩之茶屋一・二丁目・三丁目、太子一・二丁目、天下茶屋北一丁目、山王一・二丁目からなる人口密集地域である。かつて同地域はバラックなどに代表される劣悪な住宅や、暴力団による違法活動が存在する場所として社会的に負のイメージを付与されてきた。このことに対し、地元住民が一九六〇年に「西成愛隣会」を立ち上げ、事態の改善に乗り出したことが、「あいりん」という呼称が用いられたきっかけとされる。

同地では一九六一年の「第一次釜ヶ崎暴動」以降、行政による労働・福祉・教育といった各種施策が展開されるようになった。そして一九六六年には大阪府・大阪市・大阪府警察本部が構成する「三者連絡協議会」によって「あいりん地区」と名付けられた。そして、その名は度重なる暴動を通して全国に流布していった(1)。

高度経済成長期における労働力需要の急激に高まりにともなって、あいりん地域には全国から大量の単身男性労働者が集まってきた。一方、一九六〇年代後半には、大阪市がスラム対策として家族世帯を積極的に他地域の公営住宅等へ入居させていった。このように、あいりん地域は政策的に単身労働者の街と化し、家族世帯が地域から姿を消していったのである。[2]

高度経済成長期における建設労働力の供給地として期待されたあいりん地域では一九七〇年に労働・医療・住宅を担う「あいりん総合センター」が、一九七一年には福祉相談を担う「大阪市立更生相談所」が設置されるなど、一九七〇年代初頭に労働力を再生産させるための地域特有のシステム＝あいりん体制が確立されるようになった。そしてバブル経済期まで、あいりん地域は、日本最大規模の日雇労働市場＝寄せ場として活況を呈し、さまざまな事情で安定した仕事や住居を喪失した人々を路上生活に至らしめない「緩衝装置」として機能してきた。

1-2. 寄せ場機能の衰退とホームレス問題

しかし、バブル経済崩壊以降、あいりん地域における寄せ場機能の弱体化は顕著になっている。建設業の事業規模の縮小、建設工法の進化、求人方法の多様化などを背景に、バブル経済絶頂期の一九八九年に年間約一八七万件あった求人が二〇〇九年には約三三万件にまで落ち込んだ。また、日雇労働者として最低限の生活を維持するために必要となる日雇雇用保険の被保険者数も一九八六年の二万四四五八人をピークに二〇〇九年には二〇二五人にまで減少した（大阪市立大学都市研究プラザ編2012）。

高度経済成長期からバブル経済期にかけてあいりん地域は活況を呈していたが、バブル経済崩壊以降、多くの日雇労働者がこれまで生活の拠点としていた簡易宿泊所（ドヤ）に住まうことが困難になり、野宿生活を余儀なくされるようになった。一九九〇年代中頃には、あいりん地域のみならず、市内全域にも野宿者が拡散するようになった[3]。

バブル経済崩壊以降の労働市場の縮小と高齢化によって、あいりん地域に暮らす日雇労働者の多くが慢性的な失業状態に陥った。そして、このような事態に公的セクターが迅速に対応できなかったことから、路上生活を余儀なくされた日雇労働者が地域内外に溢れ出るようになり、一九九〇年代後半には一〇〇〇人を超えるほどになった。

1-3. ホームレス問題の改善と生活保護受給による定住化の促進

このような危機的な事態の改善を図るべく、二〇〇〇年にあいりん地域内に「臨時夜間緊急避難所」が、同年、あいりん地域外に「ホームレス自立支援センター」が開設された。これらの対応によって路上で起居する野宿者の数は表面的には減った[4]。加えて、厚生労働省の社会援護局保護課長通知（「ホームレスに対する生活保護の適用について」）が出た二〇〇三年以降、あいりん地域に暮らす住所不定者への生活保護の適用が進み、賃貸住宅に居住する者が増えた。

二〇〇二年に約二五〇〇世帯であったあいりん地域の生活保護世帯は二〇〇三年に約六〇〇〇世帯にまで増加。リーマンショックと「派遣切り」が社会問題化した二〇〇八年末以降、生活保護申請がさらに急増し、二〇一〇年には釜ヶ崎の住民の三分の一に相当する約九五〇〇世帯が生活保護受給世帯となった[5]。一方、年末年始に宿泊する場所と食事を提供する「あいりん越年対策事業」の利用者は二〇〇三年の二三五六人から年々減少し、二〇一〇年には五六五人となっている。このことは、あいりん地域のホームレスが居宅生活に移行していったことをはっきりと示している。

彼らの住まいの主要な受け皿になったのが、簡易宿泊所を転用した「福祉アパート」である。あいりん地域における日雇労働の求人減少にともない、一九九〇年代中頃から簡易宿泊所の稼働率の低下は著しいものとなった。簡易宿泊所は経営難に対応するために、近年、二方向の経営方針転換を図っている。第一にＪＲ新今宮駅前の簡易宿泊所の一部が立地の良さと低廉な料金を活かして、外国人バックパッカーをはじめとする観光客の集客を積極的におこなっている。第二に多くの簡易宿泊所が急増する生活保護受給者の住居として対応できるよう、アパートに業態を変更している。当初試験的にはじめられた簡易宿所のアパート化はその後、急速に進行していき、バブル経済期に約二〇〇軒あった簡易宿泊所は二〇一〇年時点で約一〇〇軒にまで減少した。一方、簡易宿泊所から転用したアパートも約一〇〇軒となっている。簡易宿泊所から業態を変更したアパートの多くは、敷金・保証人なしで入居できるため、病院や施設を退院・退所しても帰る場所をもたない低所得者、精神障害者、知的障害者、刑余者など、社会的に排除されがちな人々の受け皿にもなってい

あいりん総合センター

る。

あいりん地域という呼称が存在しなかった時代において、同地は女性や子どもが多く暮らす定住型の貧困地域であった。一方、あいりん地域という呼称がつけられるようになる一九六〇年代から一九九〇年代にかけて同地は、単身男性を中心とする非定住型の貧困地域へと変容した。そして二〇〇〇年以降は生活保護受給者の急増にともない、単身男性を中心とする定住型の貧困地域としての性格を強めてきている。

再び定住空間へと回帰してきたあいりん地域だが、一九五〇年代頃までにみられた定住生活と、今日におけるそれとの間にみられる質的な差異は大きい。すなわち、かつての定住生活は家族と地域共同体が個人を支える基盤として一定程度機能していたと想定されるが、今日の定住生活にはそれらが欠如しがちである。あいりん地域に暮らす人々の大半は地縁・血縁・社縁が希薄な単身の中高年男性である。彼らのなかには、長年、移動性高い日雇労働に従事していた者が多く、定住生活を安定的に維持することは容易ではない。また、近年は、あいりん地域での日雇労働経験がない生活保護受給者が増加しているが、彼らのなかには精神障害、知的障害、発達障害をもつ者が少なくない。[6] かくして、あいりん地域は近年、「労働者のまち」から「福祉のまち」へ変容したと論じられるようになった。今日のあいりん地域は、血縁、地縁、さらには社縁からも排除され、老い衰えゆく人々の定住空間となっている。

2．あいりん地域における公的な対策と社会運動

あいりん地域は社会的に不利な立場の人々が歴史的に滞留・集住してきた。「生きづらさ」の極端な可視化によって、背景を異にするさまざまなアクターがセーフティネットを構築してきた。こうしてできた多層的なセーフティネットこそが、さまざまな困難を抱えている人を包摂する役割を果たしてきた。

過去においても現在においても、あいりん地域に暮らす人々は、これらのセーフティネットとのかかわりのなかで暮らしていることが少なくない。そこで以下では、あいりん地域において多層的に存在するセーフティネットを説明するために、便宜的に「あいりん対策によるセーフティネット」、「社会運動によるセーフティネット」の二つに分類する。

2-1．あいりん対策

あいりん地域におけるセーフティネットのなかで最も大規模なのが大阪市・大阪府・国を主体とする「あいりん対策」である。高度経済成長期において、安価で柔軟な労働力を大量に必要とする社会的要請のもと、あいりん地域は半ば強引に「労働者のまち」へと変質させられていった。経済の不安定性と非定住性を余儀なくされた日雇労働者は、家族の維持・形成が困難であり、窮乏化のリスクが

極めて高くなることはあらかじめ想定されていることであった。一九六一年に発生した「第一次釜ヶ崎暴動」を契機に大阪市・大阪府・国といった公的セクターが治安を維持しながら、安定的に労働力を再生産するために構築したシステムが「あいりん対策」である。

萩之茶屋南公園

大阪市立大学都市研究プラザによる『あいりん地域の現状と今後――あいりん施策のあり方検討報告書』によれば、あいりん対策は以下のように要約することができる。

第一にあいりん対策は一九六〇年代に日雇労働者の特徴的な労働生活を補完的に支援する役割を担って展開されてきた。主として国が労働・福祉に関する基本的な法整備などを、大阪府が労働施策を、大阪市が医療・福祉的援助（生活保護の対応、生活保護法以外の援護〔法外援護〕、地域の環境改善）を担当している。

第二にあいりん対策は一九九〇年代以降、日雇労働市場が縮小し、野宿者が増加するなか、従来の日雇労働者対策に加えてホームレス対策が並行的に展開されることとなった。日雇労働者対策として、①仕事紹介[7]、②越年対策[8]、③医療支援[9]、④生活相談[10]を実施している。また、一九九〇年代以降のホームレス対策として、⑤一時的宿泊施策[11]、⑥特別就労事業[12]を実施している。

なお、大阪市の健康福祉局で実施しているあいりん施策事業費の二〇一〇年度予算額は、臨時的な調査費と生活保護施設整備（建設、施設整備・修繕など）を加えた場合、約一七億を計上しており、その金額の高さ、費用対効果が問題視されている。

2-2．社会運動

あいりん対策のオルタナティブとして民間のセーフティネットを構築してきたのが社会運動である。一九九〇年代中頃まで、公的な日雇労働者対策・ホームレス対策が不十分な規模・内容で展開されてきたことから、あいりん地域では社会運動が活発化した。一九七〇年代から一九八〇年代にかけてのあいりん地域を拠点とする社会運動の大半は、行政と協働することなく、日雇労働者がこうむる差別的な状況に対する異議申し立てを積極的に展開する傾向が強かった。なかでも大きな影響力を発揮してきたのが労働運動である。

一九六九年に設立された全港湾建設支部西成分会、一九七六年に設立された釜ヶ崎日雇労働組合、一九八一年に釜ヶ崎日雇労働組合から分立した釜ヶ崎地域合同労働組合があいりん地域を代表する労働組合である。一九七〇年代から一九九〇年代の初頭にかけて、これらの労働組合は日雇労働者の労働条件の向上や、賃上げ、労働相談、越冬活動などで大きな力を発揮してきた。これらの社会運動のなかには時に暴動を誘発し、ときに公共空間の占拠をともなうものもあったことから、行政との激しい対立・攻防を繰り広げることになった。こうした一連の社会運動が日雇労働者や野宿者の生活を支えるセーフティネットを形成すると同時に、同地における対抗文化を芽吹かせるものとなった(13)。

バブル経済崩壊以降は求人の著しい減少と日雇労働者の高齢化によって、労働運動はそのプレゼンスを停滞させてきたが、あいりん地域の変容に呼応するかたちで活動の方向性に修正がみられるようになった。

たとえば、これまで行政とは対立的な関係にあった釜ヶ崎日雇労働組合は日雇労働市場が縮小するなかで、従来の労組を残しつつ、失業した元日雇労働者の就労および生活保障の問題に対応するべく、釜ヶ崎キリスト教協友会等との連携のもと「釜ヶ崎就労・生活保障制度実現を目指す連絡会」（通称、反失業連絡会）を一九九三年に発足。反失業連絡会は激化する野宿生活者問題に対し、寝場所や職の対策の要求、特別就労事業の実現、野営闘争をくり広げた（原口 2011a）。このような一連の社会運動サイドの要求を受けて、行政による本格的なホームレス対策があいりん地域において展開されるようになった。そして、この行政の施策の受け皿として一九九九年に設立されたのが、「NPO法人釜ヶ崎支援機構」である。同NPOは公民協働体制のもと高齢日雇労働者やホームレスの就労事業や宿泊事業などの活動を展開しており、今日、あいりん地域最大規模の支援団体として大きな影響力をもっている[14]。

一方、釜ヶ崎地域合同労働組合は従来通り、反体制的な立場で日雇労働者の支援活動を継続させて

萩野茶屋中公園と簡易宿泊所

いるが、活動の中心はテント生活をしている野宿者への支援活動（行政による排除に反対する運動）と同労組に付設された「釜ヶ崎炊き出しの会」による食料支援となっているといっても過言ではない(15)。そのほか、行政とは連携せずに夜回りや炊き出しをおこなう社会運動団体が複数存在している(16)。これら複数の社会運動に関わる団体があいりん地域に並存しているが、理念や活動目的が相違していることもあり、相互の連携は乏しい。また、これらのなかには、生活保護の適用を促進し、ホームレス状態からの脱却を積極的に図ろうとする団体がある一方で、生活保護の適用よりも、公的責任による就労機会の増加を訴え、野宿者による公共空間の占有を「自立」のための営為と捉えて支援する団体もある。

釜ヶ崎日雇労働組合の立て看板

3. あいりん地域のＦＲＯ

あいりん対策と各種の社会運動が対抗しつつも実際に両者の棲み分けがなされることによって、あいりん地域の諸課題が手広くカバーされているようにみえる。しかし、実際には間隙が数多く存在した。とりわけ一九六〇年代から七〇年代にかけては、日雇労働者の安定的供給を主眼にした施策が展開されていたため、あいりん地域に暮らす女性、児童、傷病者、高齢者たちは、公的なセーフティネットから零れ落ちやすい存在であった。

彼らに対し、積極的な支援を講じていったのがキリスト教である。同地におけるキリスト教の活動の歴史は長く、戦前にまで遡ることができる。キリスト教は社会福祉制度が整う前からあいりん地域で活発な支援活動を展開しており、公的な施策の隙間を埋める働きを実践してきた。

あいりん地域において仏教諸宗派、新宗教に分類される諸教団の活動がまったくなかったわけではない。たとえば、浄土宗系の大阪四恩報答会は一九一八年から活動を開始し、一九二〇年に「四恩学園」を創設。不就学時のための児童教育を中心に各種の相談事業、授産事業などに着手した。一九二七年には貧困層のための診療所が設置され、一九三〇年には消費組合活動が展開されるようになった（浄土宗務所社会課 1934）。このように四恩学園は浄土宗を代表する総合的な隣保事業を実施していたが、一九六二年に西成労働福祉センターの新設にともない、四恩学園は施設（西成区東入船町二三）を大阪府に譲渡し、大阪市住吉区苅田町に移転した。以来、浄土宗および四恩学園とあいりん地域の接点はほとんどなくなる(17)。また、あいりん地域には寺院が存在していたことも指摘しておく必要があるだろう。現在、あいりん地域の中心部に位置する萩之茶屋北公園（通称、こども広場）は、佛現寺という名称の浄土真宗寺院であった。同寺は一九七〇年前後に西成区松に移転しているが、これは四恩学園と同様、あいりん地域が日雇労働者の町へ純化していく過程の一環として捉えることができる。

新宗教の活動としては天理教萩野分教会の存在を指摘することができる。萩野分教会は、一九五五年に現在の萩之茶屋二丁目に設立され、今日まで活動を続けているが、当初から経営者層が主たる信者で日雇労働者との関係は希薄であることが筆者らの聞き取り調査から明らかになっている[18]。なお、天理教大阪教区は大阪市民政局からの依頼で一九七五年にあいりん地域の日雇労働者を対象とする年末年始の宿泊事業の奉仕にあたったことがある。天理教大阪教区の機関誌『赤心』によると、三つの宿泊施設で計七七一人が七日間にわたって宿泊者の食事や入浴の世話などをしたことが記されている[19]。「地域社会への新しいケースのひのきしん」として実施されたこの大規模な取り組みだが、一回のみで終了しており、その後、同様の活動が展開されることはなかった。

以上のとおり、あいりん地域という名称が付与される以前から同地ではさまざまなＦＲＯが活動を展開してきたが、あいりん地域という名称が付与された一九六六年以降、すなわち寄せ場としての性格が顕著になってからは、キリスト教のみが長らく同地の支援活動に従事してきたといって過言ではない。そこで本節ではあいりん地域におけるキリスト教の展開を、①一九三〇年代から一九六〇年代までの展開、②一九七〇年代から一九九〇年代後半までの展開、③一九九〇年代後半から現在までの展開という三つの時代に区分し、その特徴を明らかにしていく。

3-1．一九三〇年代から一九六〇年代までのキリスト教の展開――宣教師たちの積極的関与

あいりん地域でのキリスト教の活動は、一九三三年からはじめられた女子修道会「聖ビンセンシオの愛徳姉妹会」によるセツルメント活動[20]が嚆矢とされている。『大阪における愛徳姉妹会の社会福祉事業50年史』には同地における活動の経緯が以下のように綴られている。

日本に愛徳姉妹会のシスターが来日したのは小林のマザーマイアーの招きによるものであった。マザーマイアーは裕福な聖心学院の学生や父兄達と、貧しい人々との間に愛の関係を結びたいと望み、大阪のある貧しい地域（釜ヶ崎）で事業をしたいと願っておられ、愛徳姉妹会を招かれたのであった。昭和八年一〇月二五日シスター三名がフランスから来日、神戸に上陸し小林の聖心会で歓迎を受けた後、大阪市東住吉区山坂町三丁目八三番に落着いた。シスター達は、早速大阪市西成区東萩町三〇番地に、木造二階建洋館風の建物とこれに隣接する木造平屋建を借受け、昭和八年一一月一日に開設した。これが最初の聖心セッツルメントである。聖心セッツルメントの名付け親はマザーマイアーであった。（愛徳姉妹会 1984:5）

「聖心セッツルメント」の事業は、欠食児童給食、衣類給与、診療事業、患者訪問、子供会活動などであり、とりわけ内科・外科・小児科を備えた診療事業のニーズは大きかったようである。一九三五年には西成区海道町三六番地に聖心セッツルメントを移設し、活動を継続させた。一九三七年に戦時体制が強化されるようになると、地域の婦人が工場などの労働者として駆り出され、託児所の必要が叫ばれるようになった。そこで一九三八年に聖心セッツルメントは託児所を開設し、「特に貧困家庭の児童を対象に、時間を長く、金額は安くして給食も行った」（愛徳姉妹会 1984:11）。

一九四三年には大阪府庁からの命令で「聖心隣保館」に改称することになり、一九四四年には「聖心隣保学園」を創設。事業内容が「不在家庭の保護事業」に特化するようになった。これらの一連の変更は戦時体制への協力を強く要求された結果であると推察される。「聖心隣保館」は一九四五年に空襲を受け消失した。これによって同地における「聖ビンセンシオの愛徳姉妹会」の活動は一九六六年に再開されるまでの約二〇年間、空白となった（小柳 1991）。

戦後の展開としては、まず「大阪救霊会館」の開館を指摘することができる。「大阪救霊会館」は一九五二年にイギリス人宣教師のレオナード・W・クートによって設立されたペンテコステ派のプロテスタント教会で、福祉的な実践より、布教に重きをおくアプローチが特徴である。大阪救霊会館は現在においてもあいりん地域で最も精力的に布教活動を実施している教会である。

一九六四年にはドイツ人宣教師エリザベート・ストロームがあいりん地域に隣接する西成区山王町で活動を展開するようになった。ストロームは売春婦の社会復帰を助ける仕事に従事するため、一九五三年にドイツの宣教団体「ミッドナイト・ミッション」から日本に派遣され、東京を拠点に活動していた。しかし、日本の売春婦が暴力団と深い関係をもっていることから、実際に社会復帰に導くことができなかったとストロームは自著で回想している（ストローム 1988）。ストロームは日本で、自身の仕事に満足した結果が得られないと煩悶しているときに一九六一年に生起した「釜ヶ崎暴動」を新聞記事で知った。この記事に触発されたストロームはミッドナイト・ミッションを辞し、日本福音ルーテル教会のサポートのもと西成区山王町で保育事業に着手するようになった（ストローム 1988）。

以上のとおり、一九三〇年代から一九六〇年代にかけては、あいりん地域は外国人宣教師によって発見され、支援ないしは救済の必要性が広く知られるようになった。しかしながら、そのアプローチは宣教師ごとに大きく異なっており、まとまりのある大きな潮流として把握することが困難な時代でもあった。

3-2．一九七〇年代から一九九〇年代後半までのキリスト教の展開――労働運動との邂逅

一九七〇年には先述したエリザベート・ストローム、愛徳姉妹会のシスター・カッタン、フランシスコ会の司祭ハインリッヒ・シュヌーゼンベルク、暁光会大阪支部の谷安郎、日雇労働をしながらあいりん地域に関わり続けてきた日本基督教団の牧師金井愛明らが集まり、「釜ヶ崎協友会」が結成された。[21] 釜ヶ崎協友会は一九八八年に「釜ヶ崎キリスト教協友会」に改称し、現在まで活動を継続させている。[22] 釜ヶ崎キリスト教協友会はプロテスタント、カトリックの教派を超えたエキュメニカル（超教派的）なネットワーク型組織で、布教を目的とせず、「人を人として」をモットーに、あいりん地域を取り巻くさまざまな問題に関与するようになった。

釜ヶ崎キリスト教協友会が布教をしないことを活動理念に据えるのは、メンバーが宣教という行為を内省的に理解しているからにほかならないが、日雇労働者へのキリスト教の伝達が極めて困難な状況もあった。釜ヶ崎キリスト教協友会を結成する前の時点では、宣教師たちの間に、キリスト教の伝達に一定程度の関心があったと推察される。以下、エリザベート・ストロームの自伝的内容の著書からの引用である。

譬えで言いますと、初めことらはいっぱいいいもの〔＝キリスト教的価値〕を持っていると思い、それを売りたかったんですね。「せっかく遠くから来てるんだ。さあどうだ」と（笑）。笑い話じゃないんですけれども、ほんとそういう感じですね。けれども、私が売りたいものは、お客さんは全然いらないんです。変な目で見られたというよりも、「お気の毒に」と見られたんですね。「おかわいそうに」とも。（ストローム 1988:186）

このように宣教師たちは日本で活動を開始した当初は布教に対する熱意をもっていたが、それが容易に受け入れられないことを経験するなかで、活動の方向性を変更していったと考えられる。釜ヶ崎協友会はこうした背景のなかで結成され、あいりん地域に生きる人々の権利擁護や貧困や差別を生み出す構造的な問題に対応することに注力するようになったのである。『釜ヶ崎キリスト教協友会40年誌』では布教をしないことについて次のように記されている。

協友会は、「布教」を目的とした活動をしてこなかったし、今もしていないということです。確かに協友会は、キリスト教をバックボーンにした団体・個人の集まりですが、参加している団体・グループのバックボーンである教派や教会の勢力を拡大する活動を意図しないということです。（釜ヶ崎キリスト教協友会 201:80）

釜ヶ崎協友会が結成された当初は高齢者向けの食堂や日雇労働者向けの食堂の運営、アルコール依存症への取り組み、入院中の労働者の見舞い活動など、福祉的な活動が中心であったが、一九七五年以降は労働運動と連帯した活動がはじまった。「日雇労働者の解放」、「人間性の回復」という共通の目標を旗印に労働組合とキリスト教が協力関係を取り結ぶようになった。以来、釜ヶ崎キリスト教協友会は行政への要望活動や越冬闘争など政治色を帯びた活動にも着手していくことになった。以上のような経緯で従来の福祉的な活動に加え、日雇労働者の生活条件や社会的地位の向上、権利擁護のための運動にも力点がおかれるようになっていった。この時代のキリスト教の活動は、直接的な布教が影を潜め、ラディカルな志向をもつキリスト教の活動が労働運動の高まりと一体となり前景化した。

3-3．一九九〇年代後半以降のキリスト教の展開

一九九〇年代のはじめにバブル経済が崩壊してからあいりん地域は大量の野宿者を生むことになるが、一九九〇年代の後半に入ってからキリスト教の布教を重視する複数名の牧師がホームレス伝道を開始するようになった。一九七〇年前後からバブル経済期までのキリスト教の活動は、一部を除いて日雇労働者の生活環境を整備・改善する活動が中心であり、布教の対象としてあいりん地域の日雇労働者を眼差す傾向が希薄であった。それに対して近年は直接的な布教活動が急増している。なかでも韓国系プロテスタント教会のホームレス伝道が大きな勢力をもっている。現在、あいりん地域およびその周辺部では食事の提供をともなった伝道集会が毎日開催されている。曜日によって回数は異なる

が、平均して一日三回ほど伝道集会が開催されている。

4．あいりん地域でみられる二種類のキリスト教

キリスト教といっても、それらの性格は大きく異なる。前節ではあいりん地域におけるキリスト教の展開を通時的に概観したが、本節ではあいりん地域で活動するキリスト教を便宜的に「運動型キリスト教」と「布教型キリスト教」とに二分し、それぞれの特徴についての共時的な分析を試みる。

4‐1．運動型キリスト教

釜ヶ崎キリスト教協友会は、本章において「運動型キリスト教」にカテゴライズされる組織だが、彼らにとっての関心はキリスト教信者の増加ではなく、むしろキリスト教の教えに基づいた社会正義の実現にある。釜ヶ崎キリスト教協友会の構成団体で社会福祉施設「ふるさとの家」（社会福祉法人カトリック・フランシスコ会）を拠点に活動する司祭、本田哲郎はこのことについて次のように述べている。

キリスト教であれ、ユダヤ教であれ、どんな宗教であれ、そこに属しているから救いを保証されるわけではないのです。〔中略〕大事なのは福音を生きるということです。〔中略〕「うちの宗教に

入らないと救われません」というような、ある種の勧誘や折伏のような宣教をする必要はさらさらない。無宗教でおしとおしたい人は、それでまったく問題ないのです。あくまでも大事なのは、福音的な視点をもつことであり、いちばん小さくされている人たちの痛みと望みに連帯した現実的なはたらきです。（本田 2006:153–154）

釜ヶ崎キリスト教協友会は先述したとおり、一九七五年以降、労働運動とのかかわりをもちはじめた。また、一九九三年には釜ヶ崎日雇労働組合などとともに反失業連絡会を結成し、行政との交渉をおこなってきている。このことは釜ヶ崎キリスト教協友会が、信仰の有無を協働の条件としていないことを端的に示している。釜ヶ崎キリスト教協友会は、野宿に至る原因を主として社会構造にみる。本田はあいりん地域のなかでの取り組みについて以下のように言及している。

底辺に立つ人を抑えつけ、希望をそぎ取って意欲を失わせるのは、社会構造に問題があるからです。構造がいびつであり、社会の仕組みが切り捨ての論理に支配されていることに気づかず、その体制に組み込まれた組織の片棒をかつぐようなかたちで福祉に力を尽くすことは、屋根の穴を広げつつより大きなバケツやたらいを探し求めるようなものです。私たちの活動は、福音の立場から正義を追求するなかで福祉をどのように位置付けてゆくのかを問うものでなければならないでしょう。（本田 1990:216）

また、釜ヶ崎キリスト教協友会の構成メンバーであり、日本基督教団の牧師でもある小柳伸顕は次のように述べている。

私は、釜ヶ崎は「原因」ではなく「結果」だと思っています。日本の社会の結果が、釜ヶ崎を生み出している。だからこそ、その結果を生み出す原因に迫っていくことが非常に大切なのです。

（小柳 1990:225）

これらの記述からもわかるように、釜ヶ崎キリスト教協友会は野宿者ないし日雇労働者への具体的な救援活動をしつつも、社会構造こそが当該問題の原因だという視点を強固にもっている。したがって不正があると判断される場合には、行政などに対して「直接行動」をとり、社会構造の歪みを是正していこうとするスタンスをとっている[23]。また、小柳はキリスト者個人、あるいはキリスト教自身が、どれほど自己変革したかが問われると述べており、釜ヶ崎キリスト教協友会が、従来のキリスト教のあり方や自身の信仰のあり方を内省的に捉え直すことを重視していることがうかがえる（小柳 1990）。このように「運動型キリスト教」は日雇労働者や野宿者にキリスト教を伝えることよりも、彼らに寄り添い連帯することを重視する姿勢が強固である。

4-2. 布教型キリスト教

一方、信仰による救済を目指す「布教型キリスト教」は、信仰の欠如が苦難の根本原因だと考えるため、未だ宗教的真理を知らない者に「教える」というパターナリスティックな姿勢が顕著である。「布教型キリスト教」の多くは、食事や衣服の提供を副次的なものと捉えており、霊的な次元での救済を何より重視する。

筆者の確認する範囲では二〇一四年の段階で一〇の教会・団体が定期的にホームレス伝道をおこなっているが、すべてに共通してみられる態度は、布教に対する熱意と政治的な活動に対する無関心である。また、いずれもさまざまな社会問題は信仰の力によって解決可能だと考えており、社会構造への関心は乏しい。「布教型キリスト教」は何事に対しても感謝することを野宿者に推奨し、現状に対して不平・不満をこぼすことを否定する。また「罪」の悔い改めと自己変革を強調する。このことは直接的な布教活動をおこなわずに社会の変革を目指す「運動型キリスト教」との明確な差異となっている。「布教型キリスト教」は差別や排除の動きに政治的に対応することはなく、むしろこのようなネガティブな事象を信仰に目覚める重要な契機と捉える傾向がある。なお、「布教型キリスト教」のなかには、神癒や異言といった「聖霊の働き」を強調する教会も存在するが、非信者が大半を占める伝道集会でそれらを実践するようなことは稀である。

これまでみてきたように「運動型キリスト教」と「布教型キリスト教」はともにキリスト教でありながらも、野宿者に対する眼差しや活動の目指す方向は大きく異なっている。両者とも教会・教派を超えたネットワークをもっているが、実際に「運動型キリスト教」と「布教型キリスト教」が意思疎通を図ることは皆無に等しい。両者の間に表立った対立こそみられないものの、互いに無関心を装っており、協働を阻む大きな壁が屹立していることをうかがわせる。[24] このように、現在、あいりん地域では性格が大きく異なる二種類のキリスト教が並存した状況となっている。[25] 次章では、二種類のキリスト教のうち、近年、活発な活動を展開している「布教型キリスト教」の実態について詳述する。

第三章　あいりん地域におけるホームレス伝道

はじめに

前章では一九九〇年代後半以降、あいりん地域のホームレス問題に関わる二つのタイプのキリスト教（「運動型キリスト教」と「布教型キリスト教」）が並存している状況について説明した。本章では近年、活発な活動を展開している「布教型キリスト教」にフォーカスを当て、その実態を明らかにする。あいりん地域では一九九〇年代後半以降、食事の提供をともなったキリスト教の「伝道集会」が増えはじめ、野宿者の生存に深く関わる新たなアクターとして注目すべき存在となっている。こうした伝道集会は担い手たちに「ホームレス伝道」と呼ばれており、それらは教会の礼拝堂から公園や公民館に至るさまざまな場所でおこなわれている。いずれの会場も盛況で、あいりん地域において野宿者がキリスト教との強い結びつきをもっていることがうかがえる[1]。また、近年、あいりん地域では野宿者数が減少し、生活保護受給者が増加傾向にあるが、彼らも伝道集会に参加していることから、布教型キリスト教のプレゼンスは依然大きいといえる。

本章の目的は、日本で最も貧困が集中的にみられる、あいりん地域を事例に「ホームレス伝道」の受容状況を考察することである。日本の社会学において、宗教と社会階層の関係性に着目した研究で著名なのは鈴木広や西山茂によるものだろう。彼らは社会移動の激しい最下層の人々は特定の宗教シンボルとの関係がランダム、あるいは希薄だとしている（鈴木 1970; 西山 1975）。しかしながら、このことを具体的なフィールドデータから実証したものは国内においては皆無に等しい。

一般的に社会の混乱期・転換期には、多くの人々が社会移動によって旧来の生活基盤や価値の揺らぎを経験するが、このようなアノミー状態のなかでは特定の宗教への入信が目立つようになる。とりわけ中層から下層への下降移動が入信への契機となることが多い。一方、最下層の人々と最上層の人々は大きな社会移動を経験することが少ないために、めったに変動志向の宗教運動を形成しない。このことは日本の新宗教に関する先行研究においても明らかにされており、高度経済成長期に新宗教に救済を求めた人々の主たる階層は、最下層の人々ではなく、最下層のいくぶん上層に位置する「ボーダーライン層」であると論じられている（鈴木 1970）。

一九七〇年代までは日本の都市社会学や宗教社会学においてこうした社会階層と入信の関係について一定の関心が示されてきたと考えられるが、一九八〇年代以降は等閑視されてきたといってよいだろう。バブル経済崩壊以降、「格差社会」が盛んに論じられるようになるなど、階層分化の問題、とりわけワーキングプア層が社会的に顕在化するようになった。こうしたなか社会的不平等や貧困についての研究は二〇〇〇年頃から盛んに進められてきた（山田 2004; 岩田 2007; 橋本 2009）。しかし、日本の宗教研究において社会階層についての再着目は非常に低調だったといえるだろう。櫻井義秀は「宗教と社会層の関係は勃興期の創価学会研究以来、久しく探求されていないが、今後、新宗教のみならず、既成宗教においても社会層や社会層が持つ文化との関係が問われなければならない」（櫻井 2011:439-440）と論じている。

こうした問題意識を念頭におきつつ、本章は「ボーダーライン層」より低い階層に位置づけられる野宿者たちがいかに宗教と結びついているのかについて、あいりん地域をフィールドに検討する。

1. 調査方法

ホームレス伝道の実態を把握するにあたり、筆者が採用した主な調査方法は参与観察である。筆者は大学院修士課程に在籍時（二〇〇三〜二〇〇五年）に集中的に複数のホームレス伝道の参与観察をしてきた(2)。また、博士課程在籍時（二〇〇五〜二〇〇八年）以降も断続的に参与観察を続けており、その回数は一〇〇回を下らない。いずれの教会・団体においても野宿者を対象とする伝道集会は、信仰の有無にかかわらず出入りができ、一部の教会を除き、受付で氏名を書くこともない。そのため、筆者は初回の参与観察時においては自身の身元を明かしていない。しかし、二回目以降は自身が社会調査を実施する大学院生であることを示し、そのうえで伝道集会に参加し続けた。したがって、伝道集会の担い手たちは筆者が調査者であることを認知している。一方、伝道集会の参加する野宿者たちは流動性が高いため、筆者が調査者であることを知らない者も一定数存在したと考えられる。

伝道集会への参与の仕方は基本的に野宿者たちと同様である。野宿者のかたわらに座り説教を聞き、その後、提供される食事を一緒に食べるのである。したがって、伝道集会の担い手の手伝いなどを通した参与ではない。こうした参与を繰り返し実施するなかで、伝道集会を観察し、野宿者たちが語ることを聞き取ってきた。

あいりん地域での長期にわたる調査経験をもつ島和博は「見る者－見られる者」の不安定なポジションについて以下のように言及している。

> 旺盛なサービス精神と巧みなストーリー・テリングで、私が聞きたい話を暇つぶしに語ってくれる親切な労働者もいて、観察しているつもりが本当は観察されていたという、研究者・調査者としては笑えない経験も一度や二度ではなく、そこでは生半可な「フィールドワークの技法」や小賢しい「ラポール」の工夫など物笑いの種でしかない、といった現実があります。（島 2003:131）

こうした困難をできるだけ回避するために、筆者は伝道集会に参加する野宿者たちに積極的に話しかけることはせず、観察に徹した。そして、彼らが筆者に語りかけてきたときに応じるスタンスをとった。したがって、後述する野宿者の語りは、参与観察時に偶発的に聞き取ったもの、ないしはインフォーマル・インタビューの記録である。

2．あいりん地域におけるホームレス伝道の実態

2-1．ホームレス伝道の参加者の特徴

野宿者と一口にいってもその居住形態、生計の立て方、社会関係さらには自己認識に至るまで多様であることが既存の研究からも明らかにされている。青木秀男は多様な野宿者像を、①「自己統合型」（生活の自立を目指す野宿者）、②「状況依存型」（偶然の境遇に身を委ねて、その場その場の困難を凌ぐ野宿者）、③「自己解体型」（境遇に身を丸ごと委ね、どう困難を凌ぐかの模索を放棄し、「生ける屍」のように、〈ミジメ〉の虚無に生きる野宿者）とおおまかに三つに類型化した（青木 2005）。丸山里美は、近年の社会学的な野宿者研究が、野宿者の自立的で主体的な側面を描き出す側面が強かったと指摘しているが（丸山 2006）、筆者も同様の見解をもっている。

青木の野宿者類型はあくまでも理念型であるが、筆者の参与観察を通じた見解としては、伝道集会の参加者は「自己統合型」よりも「状況依存型」および「自己解体型」が相対的に多い。伝道集会の参加者の中心は高齢や傷病によって経済的な自立が困難な野宿者である。しかし、近年においては野宿者だけではなく、野宿生活から脱却し、あいりん地域に定住した生活保護受給者の存在も顕在化し

ている。

2-2. ホームレス伝道の方法

野宿者を対象にした伝道集会の規模は家庭集会のような小規模なものから二〇〇人ほどが集まる大規模なものまである。伝道集会は通常、教会の礼拝堂のなかで実施されるが、あいりん地域に活動拠点をもたない教会や個人の場合は公園や公共施設を使うこともある。また、個別の教会だけでなく、複数の教会・個人で構成されるネットワーク型組織も存在する。このように伝道集会の担い手の形態はさまざまであるが、いずれもあいりん地域ないしはその隣接地域において毎週定例で伝道集会が実施されている。

ホームレス伝道はおよそ次のような手順で進められる。まず伝道集会の成功を願う「祈り」からはじまり、エレキギターやドラムを取り入れた現代的なワーシップソング[3]（worship songs）を五曲ほど歌う。伝道集会に参加している野宿者は手拍子を打ったり、手を挙げたりしながら賛美することが要求される。また、伝道集会では、参加者層を考慮して、テンポの早い西洋音楽的なワーシップソングだけでなく、演歌や唱歌の歌詞をアレンジした独自のワーシップソングもみられる。

いくつかの教会・ＦＲＯでは集会の大半をワーシップソングに費やしているが、これは、教えを認知レベルだけではなく、身体レベルで内面化させようとする意図があると考えられる。ワーシップソングの斉唱は決して強制ではないが、参加者の多くが口ずさんでおり、なかには歌詞を暗記している者もいる。ひとしきりワーシップソングを歌ったあと、牧師・伝道師のメッセージが語られる。

神様は公平なるお方です。この地上で恵まれなかったとしても、イエス・キリストを信じるならば、そのイエス・キリストがやがて私たちを引き上げてくださる天国に昇っていくときに、そこにはもはや民族や言葉や生活の習慣、すべてのことが平等にあって、キリストの愛のなかで、天国で、永遠に生き永らえるという素晴らしい世界を神様が備えてくださっているのです。この地上で「あー、私の人生は恵まれていない」と思う人がいたとしても、いいえ！　イエス・キリストにあるならば、あなたの魂は恵まれているし、神様の素晴らしい祝福がともなってくるし、永遠の世界のことを考えたならば、この地上生活の八〇年の人生は長いようであって、永遠の視点からするならば、ほんの一点にすぎないのです！　それを考えたら、この地上生活で恵まれないと感じている人がいたとしても、いいえ！　神様はあなたがたに永遠の住まい、永遠の天国に導くために十字架の愛を示してくださったのです。イエス様を信じるときに誰でも救われて、誰でも天国に行けます！（ＫＣＵＣ、二〇〇四年九月一六日）

みなさんはたくさん傷ついている。慈しみ深いイエス様に触れてほしいのですよ。いろんな罪責感があると思うけど全部イエス様に委ねたらいいのよ。人生変えられるよ。自分では何もできないでしょ？　自分では何も変わらないでしょ？　だから神様に委ねるのよ。私たちは力がないの

ですよ。今、絶望になっていてもね、イエス・キリストに望みがあるのよ。（山王シロアム教会、二〇〇四年五月一七日）

このように、伝道集会では人間が脆弱な存在であることが強調され、超越的な力の介在によってでしか根本的な救済は得られないと説かれる。また、伝道集会では苦難の理由が「罪」という言葉で示される。伝道集会で提示される罪とは「イエス・キリストを受け入れないこと」、「人間が根源的に不完全な存在であること」といった抽象的なものから、喫煙・飲酒・ギャンブル・詐欺・窃盗・親不孝・不平不満・反抗心など具体的なものまである。そして苦難からの解放は罪を自覚し、悔い改め、イエス・キリストを受け入れることによって可能になると説明される。

イエス・キリストは、ここに集まっている皆さんがいくら悪いことをやっていてもですね、全部愛してくださいますよ。皆さん、過去のことはね、思い出さないでください。皆さんがもし、「悪いことをやりました。本当に悪いことをやりました」って悔い改めたら、全部神様が赦してくださいますよ。私たちは忘れることが難しい。忘れることができない部分、ありますよね。でも神様は私たちが悔い改めたら、過去のことは忘れてくださいます。大事なのはこれからですよ、これから。（大阪イエス中心教会、二〇〇四年九月二四日）

釜ヶ崎に流れ着いて、野宿になって、もうどうしようもない状態にまでなって、「もうアカン」、「死んだほうがマシや」と思っている人もたくさんいるでしょ？　でも「イエス様ぁ、どうか私を救ってください！」と祈れば、あなたがこれまでどんな罪を犯していようともすべて赦され、救われるんですよ。（大阪救霊会館、二〇〇三年一二月一三日）

これらはあいりん地域で伝道集会をおこなっている教会のメッセージの一例だが、そこでは苦難の原因が個々人にあることを指摘しながら、罪を自覚し、悔い改めることによって希望のある生活が切り拓かれていくという論理が共通してみられる。この論理は「証し」によってさらに補強される。証しとはいわば信仰にまつわる体験談のことである。伝道集会では牧師や伝道師といった指導的立場にある者が包み隠さず自己の「負の経験」を語るのである。

私はね、以前はキリスト教が嫌いだったんですよ。「何がキリスト教や」ってね。私の心は今とは全然違っていてね。タバコは一一歳のときから吸っていましたよ。中毒になったのは一九歳。酒も飲んだくれていたしね。だから一日中酒とタバコ。タバコなんかやめる直前まで一日三箱吸っていましたよ。はっきり言いましょう。私は諦めていた、人生を。しかし諦めきれないのが人間ですよ。理由をつけますよね。せっかくここまで苦労して両親が育ててくれたんだ。この人のため、あの人のため、命を絶つことができない。それでずっと鬱病のままね、希望なしにボロボロになっていって、もう痛みも感じなくなる時期もありました。でもね、私は八年前に救われてね。それ以来、タバコを完全にやめることができましたよ。お酒もね、まったく飲まなくなりましたよ。信仰をもつとね、不思議なことですが、変えられるのですよ。（山王シロアム教会、二〇〇四年一一月一日）

私は医者の父をもつ家庭に育ちましたが、学生時代に悪い友達と付き合うようになり、タバコを吸いはじめ、大学に入ってからはマリファナや覚醒剤に手をだすようになっていました。父にはなんでこんな息子になってしまったのかと嘆かれ、母は私のことを心配し、私を病院に連れていったり、食事が悪いのじゃないかと食事療法をはじめたり、漢方薬を私に試そうとしました。しかし私はこうなってしまったのも「仕事、仕事」で家庭を顧みなかった父のせいだと親を憎み、一向に変わりませんでした。私は花屋に勤めるようになりましたが、マリファナをやりながら仕事をやっていたんですね。そのせいでミスを繰り返してばかりになって……。それで会社からも見捨てられるようになりました。その頃には友人にも見捨てられ、家族にも見捨てられましたが、私は八年前、この救霊会館で救われました。牧師は私に「イエス・キリストはあなたのことを愛しておられます」と言ってくださいました。そして私は変えられました。そして今こうやってみなさんの前で話すことができるようになったんです。（大阪救霊会館、二〇〇四年八月二二日）

このように「布教型キリスト教」の牧師や伝道師の多くは、これまでの人生で抜き差しならない苦難を信仰の力で克服したということを伝道集会で表明するのである。また、信仰を得るようになった元野宿者の「証し」も頻繁に聞かれる。

私なんか西成に流れてきたときは、ホント汚い汚いおっさんですね。服も洗わなくて、体も汚いし、下着も汚れてくるし、靴も汚いし、また、シラミにも咬まれて痒かったしね。そのようなね、汚いおっさんが救われて、海外宣教をすることができました。これから先も中国に行ったり、来年にはケニアにも行きます！　皆さん、神様は本当に素晴らしい。だからあなたもね、ビジョンをもてばね、「俺も救われて世界に行ってみよう！　俺も救われて、世界に救われた喜びを伝えたい！」と思えばね、神様がそこに働いてあなたのすべてのビジョンは達成されます。大きな希望をもっていいんです。どうぞ、皆さん、あなたもそうなりましょう。イエス・キリストを信じたならば、あなたは変わります！　変わります！　変わります！　どうぞ主によって変えられ、本当に私たちがビジョンをもってね、前進していったらね、素晴らしい奇跡が生まれます。（大阪救霊会館、二〇〇四年一一月八日）

このように「負の経験」を語ることで、指導的立場にある牧師や伝道師は「同苦者」として自己を提示し、野宿者との心理的距離を縮める。また、元野宿者の信者は同様の境遇であっても、信仰の力で変えられる可能性があることを体験的に語るのである。

メッセージや「証し」が一とおり終わった後、再びワーシップソングや伝統的な賛美歌を歌い、「主の祈り」を唱える。最後に「食事の祈り」をしてから、食料が配布される。食事の内容は団体によってさまざまだが、質・量ともに充実したところもある。社会運動団体が提供する炊き出しの多くが、どんぶりをはじめとする一品料理なのに対し、伝道集会では複数の品目が出ることも珍しくない。たとえば、筆者が二〇〇五年二月八日に参加した「浪速教会・愛の家」の伝道集会ではミートスパゲティ、サラダ、味噌汁、ご飯、キムチが昼食として出された。教会のボランティア・スタッフたちは半透明のビニール手袋をはめ、出来立ての料理を仕切りのついたランチプレートに手際よく、そして丁寧に盛り付けていった。ランチプレートを手にした野宿者たちは礼拝堂の椅子に着席し、ゆっくりと食事をとっていた。ホームレス伝道でみられるこのような炊き出しの光景は、立ったまま慌ただしくどんぶりをかき込む姿が多くみられる社会運動団体のそれとは対照的であった。

食事の提供をはじめとして、伝道集会では牧師や伝道師が野宿者を歓待する態度がみられる。彼らは伝道集会に訪れる野宿者に言葉を掛けながら満面の笑顔で迎える。集会中には、野宿者の背中や肩を包むように優しく手を置き、別れ際には「また来てください」、「イエス様を信じましょう」と相手の目を見ながら野宿者の手を力強く握るなど、身体的接触が盛んにみられる。

また、いくつかの教会では月に一度、誕生月に該当する参加者に食料品や下着などの生活必需品をプレゼントとして贈っている。これらのことからも、伝道集会では野宿者を集合的カテゴリーではなく、固有の存在として尊重しようとする姿勢がうかがえるのである。

3. ホームレス伝道のプル要因

前節ではホームレス伝道の実態について概観したが、なぜ一九九〇年代後半に急激なホームレス伝道が増加したのだろうか。本節ではその要因を受容側に求めて考察をすすめる。

まず、最も大きな影響があったと推察されるのが、あいりん地域における労働運動の規制力の低下である。あいりん地域では一九六〇年代末からバブル経済期まで、労働運動が脆弱な境遇におかれた日雇労働者を物心両面にわたって支えるものとして機能していた。賃上げ春闘や悪質な業者に対する折衝などを通して、あいりん地域の労働運動は日雇労働者から強い信頼を得ていたと考えられる(4)。

当時の労働運動は排他的な側面があり、競合する可能性のある運動を排除してきた。たとえばキリスト教の取り組みは、日雇労働者がおかれた歴史的・社会的抑圧状況から目を逸らすものとして、また運動の連帯を阻害するものとして徹底的な糾弾の対象となった。このように、労働運動の価値観が広く共有されている時代には、今日のように、キリスト教が容易に布教できるような状況ではなく、活動家からはいうまでもなく、日雇労働者からも反発する声が絶えなかった。活動家や日雇労働者によって構成される「釜ヶ崎越冬闘争実行委員会」(5)の機関誌『日刊えっとう』では、以下のようにキリスト教への対決姿勢がはっきりと示されている。

救世軍という連中は「かわいそうな人々を私たちで助けてあげる」という考えの奴らで、それを仲間にふきこんでいる。俺たちは「かわいそうな人々」ではなく、誇り高い釜の労働者だ。〔大阪〕市が奴ら〔救世軍〕に下請けさせるのは、「アリガタイことをやってくれている」と思い込ませ、俺たちを骨抜きにし、宿泊所を「収容所」にしようとたくらんでいるからだ。〔中略〕救世軍がむりにおしつけてきても「賛美歌」など歌う必要はない。

当時、大阪市は年末年始の臨時宿泊事業を救世軍に委託していた。臨時宿泊所では賛美歌や食前の祈りなど、救世軍の生活様式が宿泊者に要求された。また、信仰上の理由からタバコの喫煙が制限されていた。このような「強制」に対し、日雇労働者が三〇〇人集まり、臨時宿泊所内で救世軍の活動停止を要求したこともあった。

日雇労働者の多くが単身であり、家族との関係も途絶えがちであったことから、これまで「労働」は彼らの不安定な生を支えるアイデンティティとなってきたと考えられる。また、寄せ場の労働運動はそのアイデンティティを下支えしてきた。まさに労働運動は社会関係が乏しい日雇労働者の紐帯として機能していたのである。しかし、それが維持できたのは高度経済成長期からバブル経済期までのことで、かつて日雇労働者と統一的に形容された人々は今日、「かろうじて日雇労働に参与できる層」、「極めて低賃金のインフォーマル労働に従事する層」、「野宿をしながら炊き出しなどの支援に依存する層」、「生活保護を受けて施設やアパートで生活する層」など、多様化している。したがって今日のあいりん地域では「労働」というカテゴリーでは括りきることのできない問題が露呈するようになり、労働運動の求心力の低下は否めない。

このことに拍車をかけたのが、一九九九年の「NPO釜ヶ崎支援機構」の設立である。かつて日雇労働者と統一的に形容された人々が、「日雇労働に参与できる層」と「野宿をしながら炊き出しなどの支援に依存する層」とに分断されていくなか、労働運動の主要な担い手たちは、公的な援助を引き出すための方策として旧来の労働組合を残しつつ、就労支援と福祉相談を柱とするNPOを設立するに至ったのである。「運動」から「事業」へとアプローチが転換していくなかで活動家と野宿者は、かつてのような連帯関係からサービスの提供者と受益者という関係へと変化していったと考えられる。[6]今日においても労働運動は存在するが、かつてのように思想や信仰といった領域にまで介入しようとする強固な姿勢はもっていない。現金収入をほとんどもたない野宿者の場合、伝道集会で出される食事は、まさに命綱である。したがって、労働運動の担い手たちは、ホームレス伝道を「弱みに付け込んだ宗教の押し売り」として否定的に認識していても、公然と批判することができない。

他方、野宿者もキリスト教の布教にあからさまな抵抗感を示すようなことはなくなった。何より慢性的な失業状態にある野宿者にとって、支援者を選り好みすることは脆弱な「生」をよりいっそう危ぶませることを意味する。伝道集会ではごく稀に、「神様が本当にいるんなら、こんな目に遭うわけないやろ！　何がキリストや！」、「何でも願いを叶えてくれるなら早く仕事出せ！」といったクレームが発せられるが、これらの声は周囲を扇動するようなエネルギーをもっておらず、むしろ他の野宿者たちによって制止されることがほとんどである。

また、物質的な理由だけでなく、彼らの意味世界においても、伝道集会が一定程度受容されていることを示唆する語りが随所で聞かれるのである。


教会に行くとね、結構いい話してるんですよね。自分のことを言い当てているなあと思いながら聞いているんです。こんなふうになっちゃうといろいろ悩むんですよね。実家にも戻れないし。お袋のことが気になるんですよね。何年も連絡とってないから、もしかして死んでいるかもしれないいんですよ。今度、牧師に相談に行きたいなあって思って。こんな話、誰彼に言えないですもんね。第一、誰も真面目に取り合わないしね。（浪速教会・愛の家、二〇〇六年四月二三日）

この語りにみられるように、家族や労働といった様々な社会関係から排除され、ほかに解決の道が見出せない状況にある野宿者にとっては、伝道集会のメッセージはときに説得力をもつものであり、緊張状態をほぐすものであると解釈することができよう。

かつてあいりん地域の労働者の精神的紐帯として機能していた労働運動は、寄せ場の縮小とともに弱体化し、もはや労働力としてみなされず無用化された野宿者の実存的問題に具体的に手を差し伸べることが困難になりつつある。労働運動をはじめとするあいりん地域の社会運動は、野宿者が被る苦難の意味を「行政の無策」や「グローバル資本主義」といったかたちで外在化させる。このような説明は仮に客観的な事実を述べていたとしても、高齢化し、労働市場から排除された野宿者の主観的な現実感覚とはズレが生じてしまっているだろう。むしろ「承認の不在」ともいうべき状況のなかでは、苦難の意味付けが自己に向かうことは容易に想像できる。

これまで労働運動は雇用主との交渉のなかで労働条件の改善に尽力し、行政との交渉を通じてさまざまな権利も獲得してきたが、今日、野宿者が抱える負い目や悔恨にきめ細かく対処する術は十分に持ち合わせていないと筆者は推察している。社会的排除の状況下にある野宿者が抱えている問題は「食い扶持の喪失」だけではない。とりわけ高齢化し、死のリアリティが高まるなか、「生の意味」が希求されやすくなるのではないだろうか。

労働による自立が可能であった時期には過去を悔いる気持ちが顕在化しづらく、意識の底に沈殿しがちだったと推測することができよう。しかし、就労することが困難になり、野宿生活が常態化してしまい、一方的に支援を受ける側にまわったとき、意識の底に眠っていた「悔恨」や「罪責感」が浮上してくるのではないだろうか。伝道集会では「死後」の世界が語られ、同時に今をどのように生きるべきかが説かれる。そこで野宿者たちはダイレクトに「生の意味」を問われるのである。このようなコンテクストにおいて、「罪の自覚化」を促す伝道集会のメッセージと野宿者のメンタリティは、以前に比べよりシンクロしやすい状況になったといえよう。

大阪瑞光教会

4. ホームレス伝道のプッシュ要因

前節では一九九〇年代後半以降におけるホームレス伝道の活況の要因を受容側、すなわち「労働運動の規制力の低下」と「野宿者の物心両面にわたる不安定性」に見出したが、本節では布教側固有の要因について考察をすすめる。

　ホームレス伝道をおこなっているキリスト教は、福音派ないし聖霊派に分類されるような保守的な信仰の担い手である。「大阪救霊会館」と「救世軍西成小隊」を除いて、その設立年はいずれも一九九〇年代後半以降と新しく、信者形成に積極的な姿勢をみせている。ホームレス伝道の担い手たちは自分たちがそうであったように、野宿者たちも信仰の力で救済を経験することが可能だと考えているのである。

　このような動きを加速させたのが、韓国系プロテスタント教会の開拓伝道である。あいりん地域およびその周辺でホームレス伝道をおこなっている韓国系プロテスタント教会は一九九〇年代後半から増えはじめ、現在「浪速教会・愛の家」（在日大韓キリスト教会）、「大阪瑞光教会」（大韓イエス教長老会）、「大阪愛の教会」（大韓イエス教長老会）の三教会が継続的に活動している。(7) 韓国系プロテスタント教会がホームレス伝道をおこなう経緯はさまざまだが、いずれも日本に暮らす韓国人や「一般的」な日本人への伝道を志向しながらも、その行き詰まりから、あいりん地域の野宿者に布教の矛先を転換したパターンがみられる。(8) たとえば、浪速教会・愛の家の牧師は来日当初、オーバーステイ状態で日本に暮らす韓国人の支援がきっかけであいりん地域と関わるようになった。(9) また、大阪瑞光教会の牧師は自身の子どもを預ける保育園があいりん地域であったことがきっかけで野宿者の存在を知るようになったという。(10) いずれの教会も来日前に「ホームレス伝道」を計画していたことはなく、偶発的にあいりん地域と出会うことになり、そこで「開拓伝道」をおこなうようになった。とはいえ、これらの教会は、あいりん地域で一〇年以上活動を継続させており、同地におけるホームレス伝道の主要な担い手となっている。

　一方、二〇〇五年には日本人の総福音化を目指す「ユニ

浪速教会・愛の家

ユニオン神学大学・教会成長大学院

オン神学大学・教会成長大学院」という教育機関があいりん地域のなかに創設され、ここでも連日のように伝道集会がもたれるようになった[11]。この教育機関は野宿者と特定の宗教との結びつきが弱いことから、宗教的に空洞化状態にあるあいりん地域を「リバイバル（信仰復興）」の可能性を秘めた地として認知していると考えられる。

日本人が牧師を務める教会においても韓国のプロテスタント教会と盛んな人的交流がみられる。たとえば、大阪救霊会館では、年に何度も韓国から日本宣教を志向する韓国の牧師や伝道チームを迎え入れ、ホームレス伝道をおこなっている。

5. あいりん地域におけるホームレス伝道の受容状況

前節では一九九〇年代後半以降のホームレス伝道の活況を、受容側と布教側の特殊な事情の絡み合いのなかに見出していったが、本節ではホームレス伝道の受容状況について考察をすすめる。先述したとおり、多くの野宿者にとって、食事や衣類が配布される伝道集会は信仰の有無にかかわらず、自身の生存を維持していくうえで欠かせないものとなっている。したがって、野宿者のなかには各々の教会名を知らなくても「パンの教会」、「カレーの教会」、「どんぶりの教会」といったように、そこで出される食事の内容で識別している者もいる。このように独力で食事の機会を確保することができない野宿者は複数の伝道集会を「ハシゴ」しているのである[12]。

明日は「イエス中心教会」の集会があるで。今日の教会は火曜と木曜。「イエス中心教会」は金曜日や。「イエス中心教会」は二〇〇円でモーニング喫茶もやってるで。周りの喫茶店がだいたい安くて三〇〇円やから、まあ安いわな。パンとサラダとゆで卵とコーヒー。それに牧師の説教もついとる。説教がイヤやったら下向いて聞かんかったらええ。さっきの集会も兄ちゃんの横でずっと寝とったわ。（ＫＣＵＣ、二〇〇三年九月一一日）

これは伝道集会に参加していた中年の野宿者が参与観察していた筆者に語ったものだ。このように、野宿者の多くは、どこで食料が配られているか、あるいはどこに行けば安く食事ができるかを心得ている。また、伝道集会ではアルバイト求人誌を長々と眺めている者や、食料が配られるまでうつ伏せて寝ている者、イヤホンでラジオを聴いている者がいる。しかし、野宿者が伝道集会に参加する動機は必ずしも食事だけに限定されるわけではない。

参加者のなかには、牧師たちがなげかけるメッセージに逐一「アーメン！」、「ハレルヤ！」とレスポンスし、ワーシップソングを積極的に歌う者も少なくない。いくつかの伝道集会では、食料を配る前に献金を集めるのだが、そこでは参加者の二〜三割がポケットから小銭を献金袋に入れる姿を確認することができる。また、伝道集会では参加者の半数ほどが、信仰告白をあらわす「使徒信条」を牧師たちとともに唱えており、その文言を暗記している者も決して珍しくない。これらのことからも、一定の割合の野宿者が伝道集会に何らかのシンパシーを抱いていると推察されるのである。また、伝道集会は野宿者を対象としたものだが、実際に参与観察してみると、生活保護を受け、野宿生活から脱却した者も少なくないことに気付く。筆者が伝道集会で出会った初老の男性は次のように語った。

ワシは今、生活保護もろて暮らしていますけどな、アオカン（野宿）しているときは教会に随分世話になりました。そら、あのときは食べるもんもおまへんやろ。だからまぁ言うたら炊き出し目当てですわな。でも、それだけと違って、せやねえ、牧師とね、握手するためですわな。伝道集会に行ったら、牧師が「元気にしとったか？」って握手してくれるんやね。それが嬉しいてね。昔は随分世話になったしね、顔見せに行っているんですわ。牧師からはいつも「信仰をもたなアカンで」って言われるんですわ。このまえは「信仰をもたな握手せえへんで」って言われてね、困りましたわ。（大阪愛の教会、二〇〇六年一月二五日）

生活保護受給者に対しては毎月、定額の生活扶助が支給されるため、食事の機会を伝道集会に頼らなくてもよい状況にある。それにもかかわらず、伝道集会に来ているという事実はマテリアルな動機とは異なる別の動機が存在することを示唆する。明確な信仰をもっていなくても、「握手するため」という言葉が象徴的に示しているように、ある種の親密な関係を求めて伝道集会に参加することは決して珍しいことではない。

また、根深い罪責感からの解放を求めて伝道集会に参加する野宿者も存在する。

（牧師は）「罪は赦された」って言うけれど、そんな簡単にはいかへんで。ワシは人殺して八年間刑務所入ってたんやけど、出所したら罪は赦されるんか？　赦されへんやろ？　（殺害時のことが）夢に出てくるんや……赦されてへん。でもここ来たら少しは変わるかと思ってね、来ているんや。ワシはな、もう歳やからもうじき死ぬけどな、毎日「生きる」ことばっかり考えているんや。「生きる」ことしか考えてへん。昔は自殺しようとしたときもあったけどな、助けてくれた奴がおってな、それからは「生きる」ことばっかり考えているんや。ここに来ることで性格がずいぶん変わった。まず喧嘩せんようになったしな。昔はすぐ手が出てな、「カミソリ」ってあだ名がついていたほどやから。だからみんなに「変わったなあ」てよう言われるわ。酒もマシになった。何より「生かされている」ってことがわかるようになったんや。前は全然そんな思わんかったのにな。（KCUC、二〇〇四年二月二四日）

彼の場合もまた、過去の罪が「赦されていない」と語っているように、信仰によって救済されたという自覚はないが、「少しは変わるかと思って」という言葉にみられるように、自己の煩悶と折り合いをつけるために伝道集会に参加していることがうかがえよう。二つの事例を紹介したが、これらから示唆されるのは、伝道集会が、「過去に触れ合わない」ことを是とする寄せ場特有の規範とは異なるオルタナティブな社会空間となっているということである。

様々な社会関係から排除された野宿者にとって、「布教型キリスト教」は自己を全人格的に受容する数少ないアクターである。したがって、生存のために面従腹背的に付き合うケースがみられる一方で、親しみをもって接しているケースも少なくない。しかしながら、特定の教会への所属は、かえって自己の生存を切り縮めることを予測させるために、野宿者の多くはその結びつきを曖昧にする。このように野宿者の多くは受容／拒否という二項対立を超えたところで伝道集会に参加している。伝道集会に参加する野宿者は主催者の意図通りにメッセージを内面化するのではなく、自己の生をより肯定的なものへと転化させていくために主体的に意味付けをおこなっているのである。伝道集会を通じて、教会の正式な信者になっていく野宿者が少ないにもかかわらず、多くの野宿者が伝道集会に参加するというパラドクスは上記のような野宿者たちに特有の解釈と実践によるものといえるだろう。

先述したとおり、あいりん地域の野宿者の多くが複数の伝道集会をハシゴすることによって、不安定な「生」を生き抜いているのだが、このようなかかわりがかえって特定の教会やＦＲＯへのコミットメントを阻む一因となっている。また、もう一つの要因として社会運動との関わりを指摘することができる。すでに指摘したように、あいりん地域の労働運動はかつてのような強い規制力を失ったが、今日においても活動を継続させており、炊き出しや相談業務などを通して野宿者と日常的に接触している。生活の自立が困難な野宿者の多くは、伝道集会に参加するかたわらでこれらの福祉資源にもアクセスするのである。

あいりん地域の野宿者たちの多くは異なる価値を標榜する複数のアクターのなかから、いずれかだけを選択することはせず、自身の生活状況と照らし合わせながら融通無碍にアクセスを試みる。どれだけ明確に意識化されているかは別にしても、特定の教会・組織とのかかわりを表層的な次元にとどめる実践は、複数のアクターからのサポートを同時並行的に受けるための生活知だと解釈することができよう(13)。

まとめにかえて

本章ではあいりん地域において「布教型キリスト教」のホームレス伝道とその受容状況について、おもに参与観察記録から考察をすすめてきた。あいりん地域の労働運動が盛り上がりをみせた一九六〇年代後半から一九九〇年代初頭にかけては、キリスト教の布教行為が労働運動の活動家や日雇労働者の批判の対象となっていた。しかし、労働運動の規制力が弛緩した一九九〇年代の後半には、韓国系プロテスタント教会をはじめとする「ホームレス伝道」が活発化するようになり、そこには多くの野宿者が参加するようになった。伝道集会では、献金をおこなったり、使徒信条を唱えたり、信仰をある程度受容していると思わせるような実践が散見されるが、実際に洗礼を受け、特定の教会・FROへ所属する野宿者は全体としては少ないことがフィールド調査から明らかになった。

生活の脆弱さから、野宿者の多くは、特定の宗教やイデオロギーを内面化するというより、むしろ当座の問題を解決するために、異なる価値観に立脚したサポートを同時並行的に利用する。そのために、野宿者たちは伝道集会に継続的に参加しつつも、特定の教会・FROへコミットすることを避け、表層的なレベルのかかわりにとどめることが多い。あいりん地域の野宿者は「ホームレス伝道」を明確に拒否したり受容したりするのではなく、一定の距離をおきながら関係を維持していくのである。

以上のような野宿者の実践は、最下層の人々が「特定の宗教シンボルとの関係がランダムないしは希薄だ」とする先行理論を具体的に例証するものとなっている。一方で、所属をもって信者とみなすような、旧来のパースペクティブでは、流動性の高い人々の信仰や意味世界をダイナミックに捉えることはできないのではないか、という新たな問いも本研究から見出すことができよう。かつてキリスト教の布教にあからさまな抵抗を示していた日雇労働者たちが、恒常的に野宿生活を強いられていく過程で布教行為を許容するになったように、彼らの態度は状況の推移によって変質していく可能性がある。したがって、今後も継続的に調査をしていく必要があるだろう。また、他地域との比較を通じて、本章で見出された野宿者に特徴的な宗教とのかかわりを捉え直していくことが重要であること考えられる。

第四章　教会に集う野宿者の意味世界
――あいりん地域における救世軍の活動を事例に

はじめに

ホームレス支援の場において、支援者は眼前のニーズに応答すると同時に、より大きな理念・目標の共有を野宿者に期待することが少なくない。そのため、支援者との継続的な相互作用は野宿者の生活様式や意味世界の変容をもたらす可能性をはらむ。現実にホームレス支援に関わる団体では、当初、被支援者だった野宿者自身が活動に共鳴し、支援者に役割転換することがしばしばみられる(1)。しかし、ホームレス支援に関する先行研究ではこのような野宿者の意識や態度の変容プロセスに着目したものが皆無に等しい。野宿者を支援する団体は、行政との関係が緊密な社会福祉法人、行政との批判的・対等的協働関係を取り結ぶＮＰＯ法人、反体制的な立場でアドボカシー活動を展開している社会運動団体など多様であるが、本章は教会に着目する。そして、教会の支援者との相互作用のなかで経験す

る野宿者の態度変容を把握することを目指す。(2)

ホームレス支援をおこなう教会およびＦＲＯのなかには、布教活動をおこなわずに野宿者の権利擁護に尽力するタイプと、布教活動を積極的におこなうタイプがあるが、本章では後者のタイプを取り上げる。布教活動をおこなう教会のホームレス支援は、一般に「ホームレス伝道」と呼ばれる。ホームレス伝道では食事や衣服といった物質的な援助をおこないつつ、布教活動を通じて野宿者の意味世界に介入し、価値観や生活様式の変容を強く促す。したがって、支援の現場でみられる野宿者の態度変容を把握する際、ホームレス伝道は恰好の場であるといえよう。

前章で筆者はあいりん地域でホームレス伝道をおこなっている複数の教会の調査から、献金をおこなったり、使徒信条を唱えたりするなど、ホームレス伝道の受容をうかがわせる実践がみられるものの、実際に入信し、特定の教会へ所属する野宿者が相対的に少ないことを明らかにした。野宿者の多くは、宗教やイデオロギーを内面化せず、むしろ当座の問題を解決するために、異なる価値観に立脚したサポートを同時並行的に利用し、特定の教会やＦＲＯへの所属を避ける。「生きぬき戦略」ともいうべきこのような実践は、野宿者にとって一般的なものではあるが、実際に個別の教会をインテンシブにみてみると、教会へのかかわり方にはさまざまなパターンが存在することがわかる。具体的には、①教会が提供する物質的サービスを道具的に利用し、信仰を内面化しない「非信者」、②信仰をある程度内面化するが、教会への所属を避ける「周辺的信者」、③信仰を内面化し、教会に所属意識をもつ「中核的信者」に類別することができる。(3) これらの三つのパターンは必ずしもリジッドなものではない。一般には①に位置づけられる野宿者が多いと考えられがちだが、実際には①から②に移行するパターンが少なくない。また、①の段階から②の段階を経て③の段階に至ることもある。

本章の目的は大きく二つある。第一にどのような野宿者が信仰をもつに至るのかを明らかにすること。これを「入信」という概念を用いて論じる。第二に入信した野宿者のうち、どのような人々が教会のコアメンバーになるのかを明らかにすること。これを「所属」という概念を用いて論じる。

これらのことを明らかにするために本章では野宿者が集住するあいりん地域の周辺部で活発にホームレス伝道をおこなっているプロテスタント教会「救世軍西成小隊」を事例に取り上げる。本事例では信仰を内面化し、教会に所属意識をもつようになった野宿者の生活史に着目し、彼らが教会との相互作用のなかで経験した態度変容を分析する。

詳しくは後述するが、救世軍は堅固な階梯制度をもつ組織である。そのため西成小隊は「周辺的信者」と「中核的信者」との間で役割が分かれており、両者の相違点が他教会に比べ明確になりやすい。ホームレス伝道をおこなう教会のなかで、救世軍西成小隊は支援者との相互作用のなかで経験する野宿者の態度変容を把握するうえで最も適していると考えられる。

なお、救世軍西成小隊を対象とする調査において、筆者はおもに参与観察とインタビューをおこなった(4)。参与観察は「救霊会」(5)「聖別会」(6)と呼ばれる日曜日の午前におこなわれる集会（一般的なプロテスタント教会でいうところの礼拝）を中心的に実施した。また、インタビューについては「インフォーマル・インタビュー」と「フォーマル・インタビュー」の双方を用いている。インフォーマル・インタビューについては「救霊会」、「聖別会」の参与観察時に実施した。一方、フォーマル・インタビューについては救世軍西成小隊長夫妻および中核的信者に実施した。本章ではこれらの調査データから構成されているが、中核的信者に対して実施したグループインタビューのデータを主たる分析対象にしている。また、救世軍西成小隊の歴史的な記述については、『恵みの光』という四〇周年記念誌をおもに参照している。

1. 救世軍の概要

救世軍西成小隊の事例に入る前に救世軍について概観する。救世軍は一八六五年、メソジストの牧師のウイリアム・ブースによってイギリスで誕生した東ロンドン伝道会に起源をもつプロテスタント教派である。(7) 救世軍は、ロンドンのイースト・エンドでの貧困者への伝道から活動がはじまっている。救世軍はその教派の名称からもうかがえるように軍隊組織を模しており、一般的なプロテスタント教会でいうところの教会のことを小隊、信徒を兵士、伝道者を士官、牧師を小隊長と呼ぶ。こうした救世軍の特徴はウイリアム・ブースの著書『最暗黒の英国とその出路』を通じて広く知られている。

今日、救世軍は一二〇以上の国と地域で活動を展開している。救世軍のすべての活動は、聖書信仰を基盤としており、世界各地で人々の救いのために、小隊（教会）、社会福祉、医療の働きを展開している。開発途上国では、職業訓練、識字教育、エイズ対策プログラム、トラフィッキング（人身売買）対策、貧困対策、地域開発に携わるほか、災害の被災者や戦争による難民に対する救援活動・長期的な復興支援もおこなっている。

日本では一八九五年から救世軍の活動が開始されるようになった。日本人最初の救世軍士官である山室軍平を中心的なリーダーに据え、(8)「更生保護事業から婦人保護、児童保護、軍人保護、経済保護、医療保護、矯風・教化、災害援助、セツルメント事業に至るまで各分野をカバー」（室田 1994:159）し、日本の社会事業の発達に大きな役割を果たした。(9)現在、日本において救世軍は四九の小隊をもつ一方、一九の社会福祉施設と二つの病院を運営している。

救世軍は社会的弱者に対する救援活動を組織の最も重視すべきものと認識しており、その理念は創設から変わることなく存続している。「救霊事業ではない社会事業はなく、社会事業ではない救霊事業はない」という、ウイリアム・ブースの有名な言葉は、「救霊」と「社会事業」を密接不可分のものとして捉える救世軍の特徴を象徴的に示すものだといえよう。しかし、日本国憲法で政教分離（憲法第八九条）および信教の自由（憲法第二〇条）が掲げられるようになったため、第二次世界大戦以降の日本の救世軍の活動においては「救霊」と「社会事業」を一体化させることが困難になった。

序章で提示した四象限モデルに依拠するならば、第二次世界大戦以前はⅠ型（宗教活動に積極的・公的機関との協働に積極的）の特徴を有していた救世軍は、戦後にⅡ型（宗教活動に積極的・公的機関との協働に消極的）とⅣ型（宗教活動に消極的・公的機関との協働に積極的）に分化していったといえるだろう。

今日、救世軍が取り組むⅣ型のホームレス支援としては、東京都中央区の「自助館」[10]（定員三五名）と東京都新宿区の「新光館」[11]（定員四〇名）という二つの無料低額宿泊施設の運営を挙げることができる。これらは社会福祉施設として事業を展開しており、伝道が前景化することはない。

一方、Ⅱ型のホームレス支援としては、「連隊」（一般的なプロテスタント教会における教区）によるものと「小帯」（一般的なプロテスタント教会における教会）によるものを挙げることができる。前者を代表するものとしては東京東海道連帯による「街頭生活者支援」がある。街頭生活者支援は四月から一一月にかけて毎月一回、東京都千代田区の常磐橋公園で実施されており、物資の提供のほか、散髪などをおこなっている。二〇〇七年一〇月に筆者が参与観察したときには、約三〇人のスタッフがホームレス支援をおこなっていた[12]。賛美・メッセージ係、照明係、散髪係、整理券受取係、人数確認係、交通整理係、食品配布係、衣類配布係、生活用品配布係、コーヒーサービス係、片付け・清掃係など、スタッフの役割が明確に決まっており、整然と活動がおこなわれていた[13]。街頭生活者支援は最初に賛美・メッセージがおこなわれた後に食料および物資の提供を受け取ることから、ホームレス伝道として位置づけることができる。しかし、街頭生活者支援は一ヶ月に一回のみの実施であり、短時間に効率よく活動をおこなうことを重視していることから、応急支援としての性格が強く、野宿者の態度変容を把握することは難しい。

連帯の街頭生活者支援と比較すると小隊のホームレス支援は活動頻度が高く、「利用者」から「信者」に変わっていくケースも散見される。本章はホームレス伝道の現場における野宿者の態度変容を把握することを目的としているため、それがより顕著に確認することのできる救世軍西成小隊にフォーカスを絞る。

2．救世軍西成小隊による野宿者の包摂

先に述べたとおり、救世軍は組織内の厳しい規律の内面化を通じて道徳的再生と経済的自立を目指す教派で、社会的弱者への救済活動・福祉活動を積極的におこなうなど、都市下層との結びつきが強いことで知られている(14)。西成小隊も例外ではなく、あいりん地域およびその周辺部の都市下層の救済を主たる目的に一九五三年、天下茶屋一丁目に設立された(15)。

西成小隊の設立からしばらくは、積極的な布教活動があいりん地域およびその周辺部でおこなわれており、青年から壮年にかけての男女が多く所属するようになった。そのなかには日雇労働者などの不安定労働者も多く含まれていた。

西成小隊の四〇周年記念誌には、設立からの五年間（一九五三〜五八年）で回心者七五〇名、在籍兵士六九名となったことが記されており、当時、精力的に伝道がおこなわれていたことがうかがえる(40年誌編集委員会編 1994)。一九六〇年代には西成小隊の信者同士が結婚するケースも多くなり、家族単位での所属が増加した。当時は高度経済成長期の影響を受け、信者の経済水準が全体的に上昇する傾向もあった。一九六七年には西成小隊内にボーイスカウトを発団し、一九八四年に解散するまで

救世軍西成小隊

一七年間にわたり地域の青少年育成に力点がおかれた。当時の小隊長は「春のハイキング、夏のキャンプ、秋のハイキング、地区の大会、小隊バザーと合同、クリスマス会、冬のスキー訓練などのプログラムなどに追われる忙しい時もありました」（40年誌編集委員会編1994:11）と四〇周年記念誌で回想している。

一九七〇年代以降、あいりん地域では労働運動が強い影響力をもつようになり、キリスト教の活動を牽制するようになった。こうした状況のもと、西成小隊の日雇労働者や野宿者へのかかわりは従来に比べ稀薄になっていったと考えられる。一九八〇年代になると新規入信者の減少、既成信者の高齢化・転出のため、西成小隊の活動が以前に比べ停滞するようになった。

西成小隊が日雇労働者・野宿者とのかかわりを活発化させたのは一九九〇年代の終わりになってからである。一九九八年に立石達成・貴美子小隊長夫妻が西成小隊に赴任してから状況が大きく変わった。当時のあいりん地域は、今日に比べてホームレス対策が圧倒的に不足しており、生活保護の適用も極めて制限的であったことから、生活に窮乏した野宿者が路上に溢れていた。立石小隊長夫妻はこのような状況を放置することができないと思い至り、近隣住民が訝しがっている空気を感じながらも、野宿者への支援を実施するようになった。

一般的に教会がホームレス支援を志向する際、信者の同意をとりつけることが大きな課題となるが、西成小隊の場合は既成信者の多くが入信当時、不安定労働者や失業者であったため、抵抗感は小さい。ある二世信者の女性は「こういう雰囲気〔教会に野宿者がいる〕は子どもの頃から慣れているし、これが普通なんですよ」と筆者に語った。救世軍が社会的弱者の救済を最重要のミッションとして掲げていることもこうした信念を支えているといえるだろう。

西成小隊が一九九九年から精力的にホームレス支援に着手するようになると、近隣住民のなかに「なんでまたあの人たちが来ているの、なにがはじまるの」と違和感を表明する者が出てきた。こうした反感に対し立石小隊長夫妻は「うちの教会に来ている人は、たまたま住居や仕事がない人なのですよ。野宿者を集めているという表現をされると困ります」と認識の転換を促してきた(16)。また、西成小隊では、バザーや高齢者との交流を目的にした食事会を通じて、地域住民との良好な関係づくりに尽力してきた。これらの取り組みが功を奏し、ホームレス支援に対する懐疑的な眼差しは徐々に好転していった。その結果、ホームレス支援に反対していた近隣住民が西成小隊に物資を寄付するほどまでに関係性が改善されたのである(17)。二〇〇〇年代に入ってからは毎週約一〇〇人の野宿者が西成小隊の礼拝に参加するようになった(18)。

野宿者はさまざまなニーズを満たすために教会に集うが、主たる目的は物質的な援助を受けるためである。同じ日時に複数の場所でホームレス伝道が実施される場合、より質の高いサービスを提供する教会にアクセスすることが一般的な野宿者の行動様式である。ホームレス伝道をおこなう教会が多くあるなかで、西成小隊はあいりん地域で最も質の高いサービスを提供する教会のひとつである。毎週日曜日に実施される礼拝の後には、豊富な品数の食事が提供され、礼拝の最後には衣服も提供される[19]。

一方、ホームレス伝道は単に物質的な援助をおこなうことだけを目的にした実践ではない。礼拝では信仰をもつことによって苦難から脱出できるというメッセージが掲げられ、生き方の指針についても語られる。反応はさまざまだが、このような実存的なコミュニケーションに共感する野宿者も少なくない。西成小隊では、礼拝に出席するときに名簿に氏名を記入することになっており、コミュニケーションは匿名ではなく可能なかぎり実名で交わされる。また、礼拝のなかでは、自身の体験を語る「証し」の場や自己紹介の機会が頻繁に設けられている[20]。このように、自己を赤裸々に語ったり、他者に積極的に関与したりすることが教会における重要な規範となっている。

3. 入信・所属した野宿者の生活史

一般的に従来の意味体系で自らの体験と出来事を解釈することが困難なときに、人々は入信しやすくなると考えられている。深刻な病や失業は、人生の転機と捉えられ、不景気や社会状況への不安といった社会的出来事は、人々に入信しやすい状況をもたらす。だが、このような危機が必ずしも入信という行為を選択させるわけではなく、それは複数ある解決策のひとつにすぎない[21]（McGuire 2002＝2008）。実際に西成小隊の礼拝に参加する野宿者のなかで、信仰をもつ者は少数派であり、そのなかで教会への所属意識をもつ者はさらに限られている。したがって、入信・所属を所与のものとしてみるのではなく、新たな社会関係・意味体系の必要性を強く感じる野宿者がどのような特徴を有するのかをみていく必要がある。

西成小隊では一九九九年から二〇〇九年までの一一年間に一〇〇人以上の野宿者が入信し、そのうちの四〇人ほどが一定期間、教会に所属する信者になっている[22]。西成小隊に所属する野宿者は、礼拝時の会場設営・食事準備、バザー、街頭募金活動、アウトリーチ[23]など、教会のさまざまな活動に無償で携わることが期待される。二〇〇九年の時点で西成小隊には（元）野宿者のボランティア・スタッフが十数人いる。これまでサービスの利用者だった彼らはどのようなプロセスで西成小隊と出会い、信仰を受容し、西成小隊に所属し、サービスの提供者へと変容していったのだろうか。以下では、西成小隊のなかでも中核的な役割を担っている七人の（元）野宿者に対して実施したグループインタビューのデータから彼らの入信・所属プロセスをみていく[24]（図表4-1を参照）。

事例①　Aさん（五二歳、年齢は聞き取り時点。以下同）

Aさんは岡山の高校を中退した後、会社員として働いてきた。Aさんは三〇代前半のときに倉敷の縫製関係の会社に勤めるようになったが、バブル経済崩壊後、経営難により会社が倒産寸前の状態になり、一九九四年、人員整理の対象となり失業した。また当時、Aさんには婚約者がいたが破談となった。これらのことが契機となり親族との関係も悪化した。その後、Aさんは、岡山の建設会社に転職した。Aさんが会社の出張で神戸に滞在していた一九九五年に阪神大震災が起こった。

Aさんは、震災後、復興工事の求人が多く集まっていたあいりん地域に移り住むようになり、日雇労働者として働くようになった。震災後しばらくは復興関係の仕事に従事することができたが、年々、求人が少なくなり、就業機会が激減したAさんは一九九九年、ついに簡易宿泊所に泊まることができなくなった。結果、Aさんは四〇代前半で野宿生活を余儀なくされた。Aさんは、求人があるときには建設日雇の仕事に従事しつつ、多くの日は、駅の構内にあるゴミ箱から雑誌を収集する、いわゆる廃品回収で生計を立てていた。

野宿生活の拠点にしていた難波で知り合った野宿者が西成小隊の信者であったことから、Aさんはその存在を知るようになった。そして、Aさんは「最初は食事や衣類が出るということで、興味本位で教会に通うようになった」。Aさんは日雇労働者として生計を立てることができたときには一回も教会に行ったことはなく、必要性も感じていなかったが、「ドヤ代〔簡易宿泊所の代金〕が払えないようになって野宿するようになったとき、教会は身近な存在になった」。通いはじめてからしばらくすると小隊長夫人から入信を勧められたが「今はまだ信者になるつもりはない」と応えるなど、信仰に対する違和感があり、入信までには時間がかかった。

Aさんが入信したのは西成小隊に通いはじめて半年以上経過した頃であった。そのきっかけは、野

	Aさん	Bさん	Cさん	Dさん	Eさん	Fさん	Gさん
年齢	1957年3月生まれ 52歳	1971年3月生まれ 38歳	1949年12月生まれ 59歳	1964年10月生まれ 44歳	1955年2月生まれ 54歳	1968年4月生まれ 41歳	1937年6月生まれ 72歳
結婚歴	無	無	有（3回）	無	有（内縁）	無	有
学歴	高校中退	高卒	高校中退	高卒	高卒	高卒	高卒
主な 職業経験	会社員	配線工員 スナック店員	鉄工所社員 キャバレー 店員 不動産業	製造工場社員 花屋店員	造船所工員	会社員	会社員 パチンコ店員
野宿期間	1999年～2003年	2000年（8カ月）	2000年～2003年	2002年～2004年	1997年～2001年	2004年～2006年	2003年（1週間）
入信年	1999年6月	2000年12月	2003年4月	2005年3月	1999年10月	2006年3月	2004年6月
ボランティア 開始時期	2003年12月	2001年5月	2003年12月	2005年7月	2002年5月	2006年10月	2005年4月
現在の 収入源	建設土木	仕出屋	特別清掃事業	古雑誌・古本 回収	運搬アルバイト アルミ缶収集	運搬アルバイト アルミ缶収集	ガードマン
現在の住居	朝光寮	朝光寮	朝光寮	簡易宿泊所	簡易宿泊所	簡易宿泊所	アパート

図表4－1　救世軍西成小隊のボランティア・スタッフの生活史

宿仲間に誘われて毎週水曜日に参加するようになった聖書学習会であった。「聖書を読むなかで信仰に導かれたという側面もあるが、聖書学習会が同じように難波で野宿している人と交わることができる場」であったことが、入信のきっかけとなった。

Aさんは西成小隊に通うようになって五年が経過した二〇〇三年に朝光寮[25]という元婦人保護施設に入所し、野宿生活に終止符を打った。朝光寮入所前は、雑誌の収集でわずかな収入を得るにとどまっていたが、朝光寮入所後は、住民票を設置することができたこともあり、非正規ではあるものの特定の建設会社で雇用されるようになり、収入も安定するようになった[26]。

事例② Bさん（三八歳）

Bさんは、名古屋の私立高校を卒業した後、父親の紹介で入社した送電線工事の会社で配線工員として四年間ほど勤務していた。その後、伯母が経営する奈良のスナックに勤務するようになった。Bさんは、二〇〇〇年の正月、大阪に遊びに行ったが、当初の予定より長く滞在していた。その間、伯母に連絡をとっておらず、「気まずくなり何となく大阪に残ってしまった」。定まった住所も保証人もないなかで、Bさんは風俗店に勤務するようになったが、短期間で解雇され、二〇代後半のとき、難波で野宿生活をするようになった。Bさんは、両親にも伯母にも連絡をとらず、数ヶ月間ひとりで暮らしていた。当時、Bさんは、「行く当てもなく、帰る場所もなく、することも何もみつからないなかで、考えることはいかに楽に死ぬかだけ」だった。しかし、自殺を実行することもできず、「本当に無為の日々を過ごしていた」。

その頃、集団で行動している野宿者のひとりがBさんに遺跡発掘のアルバイトを紹介したことから、彼らと一緒に寝食を共にするようになった。この集団のリーダー格の野宿者が西成小隊の信者であったことから、Bさんは二〇〇〇年九月から西成小隊に通うようになった。当初、Bさんにとって西成小隊は「とりあえず、飯が食えて、服がもらえて、時間も潰せる」場所であった。しかし、就労の機会が減ると西成小隊は単に道具的・手段的に利用するための場所ではなくなっていった。以前は仕事場が仲間と会う場であったが、就労機会が減少したことによって、西成小隊が旧交をあたためる場に変わっていった。Bさんは、礼拝がおこなわれる日曜日だけでなく、平日も西成小隊に行くようになり、野宿者に提供するために集められた衣類の整理の手伝いなどをしながら過ごした。当時、Bさんは西成小隊に愛着を抱く一方で、信仰をもつことには抵抗があった。このような状態のときに、Bさんの野宿場所に小隊長夫人らがやってきて、一晩を共に過ごすことがあった。この体験を通じて、Bさんは救世軍に対する信頼を深め、二〇〇〇年末に入信した。

Bさんは二〇〇一年四月に路上生活を脱し、救世軍が所有する朝光寮に入所するようになった。その後しばらくして仕出し料理店に就職することができた。住居と仕事の獲得はBさんの信仰を強化させる大きなきっかけとなった。現在もBさんは朝光寮に住み、同じ仕事を継続させている。「昔はいやなことがあるとすぐに辞めていたけど、今はだいぶ変わった。仕事でも人間関係とかいろいろあるけど、耐えられるようになった」とBさんは入信後の自己を振り返る。そして、Bさんにとって西成小隊での活動が自身の生活の中心的位置を占めるようになったと認識している。

事例③　Cさん（五九歳）

　Cさんは高校中退後、大手鉄鋼会社の下請け会社の工員として二年間勤務した後、華やかな世界に憧れて、キャバレーに一〇年間勤務した。三〇代前半で不動産屋、遊技場、飲食業、土木業、ゴルフ場などを多角的に経営している会社に転職し、四〇代になってからは管理職として経理を担当していた。当時、Cさんは毎日の売上金を管理する立場にあったが、その一部を横領し、「呑む、打つ、買うといった放蕩生活」を送っていた。二〇〇〇年に社内で横領が発覚し、Cさんは妻子と別れ、身を隠すため難波で野宿するようになった。勤務していた会社は暴力団との関係が密接であり、会社の規範に著しく反する行為をした場合には肉体的制裁を課す慣例があった。こうした制裁を恐れたCさんは、「帽子を深々とかぶって、サングラスかけて、革の長いコートを着て過ごしていた」。その頃、難波で野宿生活をしていた西成小隊の信者と知り合いになり、Cさんは日曜日の礼拝に通うようになった。通いはじめてから約四年間、Cさんは、信仰を受容することができずにいたが、「大変な人たちのために自分も役に立ちたい」という思いが高じ、二〇〇三年に入信した。

　二〇〇五年にCさんは、救世軍の信者として路傍伝道をしているときに、以前に勤めていた会社の幹部社員にみつかり、「ケジメをつけるために小指を切り落とした」。この痛ましい結果に対して、Cさんは、「ここ〔西成小隊〕に来たから、指を一本詰めるだけで、いちおうおさまった。もし来てなかったら五本落とせってなっていたかもしれない。前はいつか捕まるかもしれないという不安があって、しょっちゅう夜にうなされていたけど、指を詰めてからはあんまりうなされなくなった。最小限の落とし前ですんだのは、信仰のおかげちゃうかな」と入信者に特徴的な解釈をしている。Cさんは現在、居所を朝光寮に定め、五五歳以上の高齢日雇労働者に特化した公共事業「高齢者特別清掃事業」や荷物運びのアルバイトなどで月二〜三万の収入を得ながら生活を送っている。

事例④　Dさん（四四歳）

Dさんは大阪の高校を卒業後、製パン工場に四年間ほど勤務した後、家業の花屋を父親と一緒に営んでいた。しかし、経営難のため二〇〇二年に廃業することになり、難波で野宿をするようになった。当時Dさんは「行く当てもなく、苦しい日々が続き、食事も満足には食べられなかった」。しばらくこのような状態が続き、どうしたら野宿生活から抜け出すことができるのかと思案していたときに、知り合いの野宿者から西成小隊の活動を知らされた。

Dさんは、はじめて礼拝に参加したときに教会のメンバーに歓待されたことに感激。その後、継続的に礼拝に参加するようになり、二〇〇五年に入信した。難波で路上生活をしているときは、アルミ缶を収集して生計を立てていたが、西成小隊に通うようになってから、野宿仲間に誘われ、古紙・古本の回収をするようになった。このことによって収入が増加し、簡易宿泊所で生活することができるようになった。

Dさんは、入信前はギャンブルに興じる傾向があり、金銭管理に苦労していたが、入信後はギャンブルをしなくなり、少ない収入でもやりくりすることができるようになった。また、Dさんは他の人のために役立ちたいという思いから、西成小隊のなかで積極的にボランティア・スタッフとして活動している。

事例⑤　Eさん（五四歳）

Eさんは、長崎県の高校を卒業後、造船所に工員として勤務するようになった。四〇代前半に舞鶴の造船所でタンカーの塗装をしていたときに「肋膜炎」という肺の病気にかかり、半年間病院に入院することになった。そのときにEさんは内縁関係の妻と離縁した。退院時に医者から造船所の工員として仕事を継続することが難しいと診断され、二〇年間勤務した会社を退職した。退院後、長崎の実家に戻ったが、両親から無職状態であることをとがめられたのを機に一九九七年、あいりん地域で暮らすようになった。しばらくは簡易宿泊所に寝泊りしていたが、所持金が底をついてからは、日雇労働に従事するようになり、仕事のあるときには簡易宿泊所に泊まり、なければ野宿を繰り返す生活を送っていた。

野宿生活をするようになってからは、野宿仲間ができ、彼らから「救世軍に行ってみないか」と誘われた。最初は人がたくさん来ていて混雑していたため、乗り気ではなかったが、「食事と衣服が無料で手に入ることが魅力的」であったことから、一九九九年の春以降、毎週礼拝に参加するようになった。当時は日々の食事を確保することさえままならない状態であったため、「先のことを考えるでもなく、当たり前のように教会の礼拝に参加していた」が、半年ほど経過した頃、Eさんは「私は何のためにここに来ているのか。ただ食事と服のために来るだけではだめだ」と考えるようになった。ずっと続けて礼拝に出席するなかで、教会が何をするところかをあらためて考え、Eさんは、野宿仲間の四人と一緒に一九九九年の秋に入信した。入信後、Eさんは芝居小屋の荷物運びのアルバイトとアルミ缶の回収で生計を立てるようになり、野宿状態から脱却。簡易宿泊所で暮らすようになった。Eさんは、入信してから性格が温和になり、言葉使いが丁寧になったと認識している。また日頃から人に親切にすることを心がけている。

事例⑥　Fさん（四一歳）

Fさんは高校卒業後、長らく会社員として勤務していたが、会社が倒産した二〇〇四年、野宿生活を余儀なくされ、あいりん地域で暮らすようになった。当時「あいりん総合センター」で日雇労働を試みたが、肉体労働に従事した経験がなく、体力的にもついていくことができず、労働内容も「自分自身の性分にあわなかった」ことから長く続かなかった。収入がほとんどなくなってからは、さまざまな教会のホームレス伝道に参加するようになり、そこで食事をとることが日常的な行動になっていった。Fさんは、当初、信仰を内面化することはなく、食事目的でホームレス伝道に参加していたが、メッセージに納得できる部分もあり、教会に対する抵抗感はなかった。あいりん地域でホームレス伝道をおこなう教会の多くが韓国人牧師によって担われているのに対し、「西成小隊は日本人だから安心感を得ることができた」。

救世軍の礼拝に出ると、他では経験することができない安堵感が得られた。また、西成小隊は「野宿仲間と再会する場でもあり一番居心地の良いところ」であった。こうしてFさんは二〇〇六年に入信した後、Eさんと同様、芝居小屋の荷物運びのアルバイトとアルミ缶の回収で生計を立てるようになり、野宿状態を脱し、簡易宿泊所で暮らすようになった。Fさんは西成小隊にボランティア・スタッフとして携わるようになってからは、「経済状況は大きく変わっていないけど心は充実した」と感じている。

事例⑦　Gさん（七二歳）

Gさんは高校卒業後、大手電気メーカーに就職したが、「性にあわず二年間ほどで退社」し、さまざまな職業を遍歴した。その間にGさんはギャンブル依存が原因で妻子と離別することになった。単身になった後もギャンブル依存は治らず、消費者金融から金を借りながら生活をしていた。二〇〇二年、Gさんは腸にポリープを患い、一五年間勤務していたパチンコ店を退職せざるをえなくなった。また、失業してからは借金の返済が滞り、多重債務状態が深刻化した。心身ともに疲れ果てたGさんは電車への飛び込み自殺を試みたが未遂に終わり、失意の状態で二〇〇三年にあいりん地域に来た。数日間路上生活をした後に生活保護を受給することになった。しかし、住所設定をしたことで借金の取り立てが再びはじまるようになった。Gさんは借金の返済のために収入申告をせずに就労するようになったが、ほどなくして不正受給が発覚し、生活保護廃止となった。このことによって再び生活が窮乏化し、Gさんは複数の教会のホームレス伝道で食いつなぐようになった。こうしたなかでGさんは西成小隊と関わるようになった。Gさんは、量と質を備えた食事をできたての状態で提供しようとする西成小隊の取り組みに「家庭的なものを感じ、親しみをおぼえた」。

西成小隊の礼拝に参加しはじめた当初は、食事や衣類をもらうだけのかかわりであった。しかし継続的に礼拝に参加するなかで、「音痴だし、楽譜も読めないけど、賛美歌だけは覚えたい」と思うようになった。Gさんは、しばらくは信仰をもたない状態で賛美歌を歌っていたが、いつの間にか信仰心がおぼろげながら芽生えてきた。Gさんは、礼拝に継続的に参加している間に、失業や事故といったさまざまな問題を経験したが、いずれも大事に至らなかったことを「神の助けがあった」と解釈するようになった。それでも、神が本当に存在するか否か、決断がつかぬまま時が過ぎていった。そのときに信者のひとりがGさんに語った「信じるか信じないか二つに一つだ」という助言が信仰を決心するターニングポイントになった。「かつて自殺を図ったときに死ななかったのは、神の働きだったのではないか」と解釈しはじめ、その思いは、他の信者の信仰体験を聞いていくなかで確信へ変わり、二〇〇四年に入信した。その後、Gさんはガードマンの仕事に従事し、アパートで暮らすことができるようになった。ボランティア・スタッフとして活動するようになってからは、西成小隊への所属意識がいっそう高まり、ほかでは代替不可能な安心感を得るようになったと感じている。

4. 野宿者の入信・所属プロセスの相違点と共通点

前節では救世軍西成小隊のボランティア・スタッフとなった七人の野宿者の入信・所属に至るまでの生活史をみてきたが、そのプロセスは一様ではない。Aさん、Cさん、Dさん、Eさん、Fさんは三年以上の野宿生活を経験しているのに対し、BさんとGさんは野宿期間が一年未満である。したがって、野宿期間の長短と入信・所属の因果関係はほとんどみられない。AさんとEさんは入信してからボランティア・スタッフになるまで二年以上要したのに対し、Bさん、Cさん、Dさん、Fさんは入信後一年以内にボランティア・スタッフになっている。このことからは、ボランティア・スタッフとなった者たちが、必ずしも入信後、スムーズに所属に至ったわけではないことがうかがえる。また、ボランティア・スタッフは全員、入信後に野宿生活を脱しているが、彼らの居住空間はさまざまである。Aさん、Bさん、Cさんが寮で共同生活を送っているのに対し、Dさん、Eさん、Fさんは簡易宿泊所で暮らしている。他方、Gさんは七人のなかで唯一アパート暮らしをしている。Aさん、Bさん、Cさんは積極的に共同生活を志向するのに対し、Dさん、Eさん、Fさん、Gさんは共同生活を志向せず、ひとり暮らしを選択している。さらに、就労状況もさまざまである。Aさん、Bさん、EGさんは正規雇用ではないものの比較的安定した労働に従事しているのに対し、Cさん、Dさん、Eさん、Fさんは低賃金かつ不安定な労働に従事しており、野宿生活と隣り合わせの状態である。この

	ロフランド＝スターク・モデル	ホームレス伝道モデル
1	持続的な激しい緊張の経験	持続的な激しい緊張の経験
2	宗教的なパースペクティブによる問題状況の解釈	人生の転機における特定の宗教との出会い
3	宗教的な探求者としての自己規定	宗教集団内の信者との感情的な絆の形成
4	人生の転機における特定の宗教との出会い	宗教的なパースペクティブによる問題状況の解釈
5	宗教集団内の信者との感情的な絆の形成	宗教的な探求者としての自己規定
6	宗教集団外の人たちとの感情的紐帯の弱化・消滅	宗教集団内のメンバーとの集中的な相互交流
7	宗教集団内のメンバーとの集中的な相互交流	

図表４－２　入信モデルの比較

ように彼らを取り巻く状況には相違点を多く見出すことができる。

一方、ボランティア・スタッフとなった野宿者には注目すべき共通点もみられる。以下では、社会学における入信研究においてもっとも参照されることの多いジョン・ロフランドとロドニー・スターク（Lofland and Stark 1965）によるロフランド＝スターク・モデル[27]（図表4-2左）を参照しながら七人の生活史を解釈し、彼らの入信・所属プロセスの特徴の把握を試みる。ロフランド＝スターク・モデルは七つの相互に依存する要因が累積して最終的に正真正銘の信者になると考えるモデルで、一から四にかけてのプロセスは、特定の宗教に入信する前の条件となっている。一方、五から七にかけては入信後に信者が信仰を持続させるための条件となっている。[28] 西成小隊のボランティア・スタッフたちの経験をロフランド＝スターク・モデルに照らし合わせてみると、以下のような条件と順序で正真正銘の信者になっていくことがわかった。

まず、ボランティア・スタッフたちは、野宿生活を強いられる以前は企業の正社員や親族が経営する店の従業員として働いており、比較的安定した社会的地位・役割や親密性の高い社会関係を有していた。しかし、失業や親族関係とのトラブルを契機に生活が急変し、彼らは複合的な剥奪を経験した。[29] 彼らは現状への強い不満を抱いており、より良い状態への変化を渇望するものの、打開の方法を見出せずにいた。このことはBさんの「行く当てもなく、帰る場所もなく、することも何もみつからない」という語りが象徴的に示している。このような急激な下降移動にともなう激しい緊張が持続するなかで、ボランティア・スタッフたちは救世軍西成小隊という宗教組織と出会うようになった。

ロフランド＝スターク・モデルは特定の宗教と出会う前に、「宗教的なパースペクティブによる問題状況の解釈」と「宗教的な探求者としての自己規定」があることを指摘しているが、ボランティア・スタッフたちは、西成小隊と出会う前は宗教的な関心をもっておらず、むしろ大半は宗教に批判的であった。また、過去に特定の信仰に傾倒した経緯もなかった。したがって、彼らの多くは、苦難の意味を納得できる仕方で説明する新たな意味体系を求めつつも信仰の受容には時間を要した。

Aさんの「最初は食事や衣類が出るということで、興味本位で教会に通うようになった」という語りが示すように、ボランティア・スタッフたちは西成小隊に通いはじめた当初においては、大多数の野宿者と同様、食事や衣服を求めていた。しかし、彼らは単に道具的に西成小隊を利用するだけでなく、そこに居心地の良さを感じてもいた。このことは「教会のメンバーに歓待されたことに感激した」というDさんの語りが端的に示している。野宿者の場合、さまざまな場所から排除されがちであるため、西成小隊が彼らにとって安息を得ることができる希少な空間であったと推察される。

また、野宿者にとって西成小隊は、新しい知り合いができる場であると同時に、野宿仲間同士が再会する場でもあった。ボランティア・スタッフとして活動するAさん、Bさん、Cさん、Dさんの四人は難波で野宿しているときから知人関係であったが、彼らは西成小隊に通うようになってから、互いのことを深く知るようになり、友好関係がより深まったという。いわば、路上における野宿者同士の仲間関係を再編するかたちで「宗教集団内の信者との感情的な絆」が形成されていった[30]。

ボランティア・スタッフたちは、このような親密な空間のなかで、徐々に西成小隊に対するシンパシーを強化していった。そして、Eさんが「私は何のためにここに来ているのか。ただ食事と服のために来るだけではだめだ」と語ったように、道具的に教会を利用していたそれまでの自己を内省し、苦難からの解放と喪失した社会的役割を求めて入信・所属するようになった[31]。

西成小隊では、礼拝後のミーティングの場などで生活上の失敗談や成功談がざっくばらんに語られるが、小隊長やベテラン信者が救世軍の信念体系に沿ってそれらにアドバイスすることで、教理が具体的な生活と結びつくようになっていった。また、教えを一定程度内面化するようになると、ボランティア・スタッフたちは、過去から現在において身のまわりで生起した出来事を宗教的なパースペクティブから解釈するようになり、徐々に信仰を確信していくようになった。このように、ボランティア・スタッフたちは西成小隊との継続的な相互作用のなかで、徐々に信念体系を学習し、自分自身を信者としてアイデンティファイしていく様子がうかがえた。街頭募金活動やアウトリーチといった救世軍に特徴的な諸活動は「宗教集団内のメンバーとの集中的な相互交流」(32)を促進し、信者に役割意識と所属意識を芽生えさせていった。こうして西成小隊はボランティア・スタッフたちにとって自身の負い目を包み隠さず曝け出すことのできる親密な場になっていったのである。

ボランティア・スタッフは入信後、西成小隊が説く生活規律を実践することで人間関係のトラブルやギャンブルなどの嗜癖を克服し、野宿生活から脱却した。また彼らは、信仰が心の拠り所を与え、心理的・精神的安定をもたらしたと解釈している。

上記の調査データが、ロフランド＝スターク・モデルと異なっていたのは以下の三つの点である。一つ目はロフランド＝スターク・モデルにおいては「宗教的なパースペクティブによる問題状況の解釈」と「宗教的な探求者としての自己規定」が入信プロセスの初期段階（入信する宗教に出会う前の背景的要因）でみられるのに対し、西成小隊の場合は、入信プロセスの後期段階でみられるということ。二つ目は信念体系が野宿者の入信の主たる動機づけとはなっておらず、むしろ「宗教集団内の信者との感情的な絆」が入信の動機づけを与えていたということ。三つ目は入信プロセスのなかで宗教集団外の人たちとの感情的紐帯が弱体化するというロフランド＝スターク・モデルにおける指摘（六番目の条件）が西成小隊の事例には、あまりあてはまらないということである。ボランティア・スタッフたちは、信仰を内面化することで宗教集団外の人たちと疎遠になったというより、むしろ、良好な人間関係が築けるようになったと認識している。

少ない事例のため、調査で得たこれらの知見を野宿者などの極端に低い階層の人々に特徴的な入信・所属プロセスの特徴として一般化することは控えるべきであろう。しかしながら、西成小隊の事例は支援－被支援関係の間にみられる濃密な人格的交流が、野宿者の態度変容を促す大きな要因となっているということを示唆している。

5．どのような野宿者が入信・所属するのか

前節ではロフランド＝スターク・モデルとの比較から、西成小隊の信者の特徴を明らかにしたが、本節では、よりミクロな視点から「どのような野宿者が入信・所属」するのかを分析する。本章の冒頭で述べたとおり、野宿者の教会への関わり方は一様ではない。このことを示す指標として「入信の有無」と「所属の有無」を指摘することができる。入信の有無を分かつ重要な指標は「下降移動の程度」である。長期間にわたる日雇労働への従事から野宿生活へと至った「典型的な野宿者」は、野宿生活を過去に経験していたり、近い将来起こりうるものとして想定していたりすることが少なくない。彼らは下降移動の程度が比較的緩やかであることから救済期待が顕在化しにくい。したがって、彼らは「生きぬき戦略」として教会が差し出すサービスを道具的に利用するにとどまり、入信に至ること

は少ないことが事例から推察された。

一方、激しい下降移動を経験した「非典型的な野宿者」も「典型的な野宿者」と同様、当初においては「生きぬき戦略」として教会のサービスを道具的に利用する。しかし、現状に対する不満を強くもつ者もおり、その葛藤状況を逓減するべく、新たな意味体系を受容し、入信するケースが多く確認できた。

先述したとおり、西成小隊ではホームレス伝道を開始した一九九九年から二〇〇九年までの一一年間に一〇〇人以上の野宿者が入信しているが、そのなかで継続的に教会に所属した者は四〇人ほどで、今日でも積極的に教会活動に参与しているボランティア・スタッフは一〇人ほどにとどまる。このように入信をしても教会への所属が持続する者は多くない。所属の有無を分かつ重要な指標は「親密圏に対するニーズ」である。野宿者のなかには社会関係から排除され、孤立状態におかれている者が少なくない。しかし、彼らがみな教会に包摂されることを希求しているわけではない。教会は個々人の内面に積極的に介入する「関与規範」をもっている。それは、あいりん地域で広くみられる関係規範とは大きく異なる。

あいりん地域をはじめとする寄せ場の関係規範を論じた青木秀男は「寄せ場は、日雇労働者の流動的な匿名社会である。そこで人びとは、互いの出自や経歴を問わない。また問うことをタブーとする。人々は名前を通称で呼びあう。それが本名であるかどうかは、問題でない」（青木 1989:89）と論じている。また、西澤晃彦は「寄せ場労働者が、漂泊者たることを選んだあるいは選びとらされたのは、何らかの「事情」――彼らが持つ烙印ゆえの「世間」における「肩身の狭さ」、被差別体験、事業の失敗、離婚による生活の激変、借金からの逃亡、解雇といった様々な人に言いにくい事情――を直接、間接の理由としていることがかなり多いように思われる。それゆえに、彼らは自分たちの過去を隠匿しようとする」(西澤 1995:20-21) と論じている。これらの議論を敷衍するならば、日雇労働の経験が長い「典型的な野宿者」の多くは、「不関与規範」を内面化していることから、教会に入信する可能性は低く、仮に教会にシンパシーをもって入信したとしても、「関与規範」が強く働く教会に所属することには抵抗感を示しがちだと考えられる。

一方、ボランティア・スタッフたちに代表されるように、過去に比較的安定した社会関係・社会的役割を有していた野宿者は、「典型的な野宿者」に比べ、親密な人間関係を求める傾向がある。したがって教会の「関与規範」を好意的に受け止め、教会に所属しやすい。そこでは、自身の「負い目」は隠匿すべきものではなく、他者と共有すべきものへと意味づけが転換するのである。

今日、西成小隊のボランティア・スタッフの多くは野宿状態を脱しているとはいえ、安定的な生活水準からはほど遠い。野宿やそれに近い状態で教会にボランティア・スタッフとして所属することは、多様なアクターからの支援を受ける機会を減らすことにもつながり、「生きぬき戦略」上、不都合な面があると考えられる。しかし、激しい下降移動を経験した野宿者の場合、教会に所属することは、存在の承認、社会的役割の回復など、複合的な剥奪状況を埋め合わせる合理的な実践だといえよう。

第五章　韓国系プロテスタント教会のホームレス支援の特徴とその効用

はじめに

これまでの章で述べたように、ホームレス問題が顕在化した一九九〇年代後半以降、「ホームレス伝道」と呼ばれる、食料や衣服などの物質的な援助をともなったキリスト教の布教活動が盛んになった。その担い手の多くは、福音派のプロテスタント教会であり、なかでも韓国系プロテスタント教会の占める割合が高い。たとえば、日本で最も野宿者が集住するあいりん地域では、数多くの教会や団体がホームレス伝道をおこなっているが、そのうちのおよそ半数が韓国系プロテスタント教会となっている。東京都心部においてもホームレス伝道がおこなわれているが、その中心的な担い手は韓国系プロテスタント教会である。多数の野宿者が公的なセーフティネットからこぼれ落ちるなかで、韓国系プロテスタント教会は、布教だけでなく、定期的な物資の提供を通じて、野宿者の生存を最前線で支えてきた。

日本の野宿者のなかに韓国人が占める割合が相対的に高いという状況があるならば、支援の動機を民族的同質性に見出すことも可能だ。だが実際、野宿者のなかに韓国人の存在が目立つということはない[1]。では、韓国系プロテスタント教会はいかなる論理でホームレス支援をおこなっているのであろうか。

このことを明らかにするために、以下では、まず、韓国のプロテスタント教会の日本宣教プロセスを概観したうえで、ホームレス支援をおこなうようになった背景とその方法を、東京都心部で活動する二つの教会の事例を通してみていく。そして、最後に韓国系プロテスタント教会のホームレス支援の特徴と効用を分析する。なお、本章では韓国におけるプロテスタント教会のことを「韓国プロテスタント教会」とし、日本においてニューカマーの韓国人牧師が牧会をする教会を「韓国系プロテスタント教会」と称して論をすすめる。

1. 韓国プロテスタント教会の日本宣教

1-1. 韓国におけるプロテスタント教会の特徴

韓国は二〇世紀に入ってからプロテスタントの布教活動が活発化し、大規模な社会変動期であった一九六〇年代から一九八〇年代にかけては、世界的にも稀にみる急激な教勢拡大を経験したことで知られる[2]。櫻井義秀によると韓国プロレスタント教会は以下の三つの特徴をもつ。第一の特徴は、北米の福音主義的プロテスタンティズムの影響を強く受けつつ、韓国の民俗宗教や文化的基底にも強く根ざしていること。第二の特徴は、一九〇六年頃にはじまった大復興運動と呼ばれるリバイバリズムと聖霊の働きを重視すること。第三の特徴は、欧米のミッションによる支援が長らく続いた日本とは対照的に、韓国ではアメリカの宣教師名にちなんだネビアス宣教方式と呼ばれる教会の完全自立・自給の原則があることである。こうした原則は信者から献金額の増加や積極的な布教活動を促進してきた（李・櫻井 2011）。

韓国統計庁の「二〇〇五年人口住宅調査報告」によると、二〇〇五年の時点で韓国には約四七〇〇万人の人口があり、特定の宗教の信仰をもつ者は約二四〇〇万人いるとされる。そのうちプロテスタント人口は八六〇万人で、仏教に次ぐ主要な宗教である。また、二〇〇四年の時点で、韓国のプロテスタント教団は一二五教団、五万八六一二教会、九万五五九六人の教役者がいることが明らかになっている（李 2011）。

1-2．韓国プロテスタント教会における海外宣教志向

韓国のプロテスタント教会は一九六〇年代から急成長するようになり、一部の教会は信者数が一万人を超える「メガチャーチ」を形成するに至った[3]。一方、一九九〇年代に入ると、韓国のプロテスタント教会の成長が鈍化するようになった（李 2011）。韓国統計庁の「二〇〇五年人口住宅調査報告」

が端的に示しているように、近年、プロテスタント教会の教勢は衰えつつあるといえよう[4]。

韓国ではプロテスタントの急激な教勢拡大期に多くの牧師を育成してきたために、教勢衰退期にあたる昨今、牧会する場所を国内にもつことができない「余剰牧師」が溢れている。このような背景から、近年は信者開拓の「マーケット」が縮小傾向にある韓国だけでなく、海外へと布教活動を展開し、教勢の拡大を図っている。

秀村研二は、韓国プロテスタント教会が「受容するキリスト教」から「宣教するキリスト教」へと変化を遂げており、韓国が世界有数の宣教国となっていることを指摘している（秀村 1999）。秀村によれば、韓国プロテスタント教会の海外宣教が本格化したのは一九七〇年代から一九八〇年代初頭のことで、一九九〇年代に入ると教団による組織的な宣教がおこなわれるようになった（秀村 1999）。二〇〇四年の時点で韓国の宣教師の数が一万二八七四人おり、彼らが宣教活動をおこなう国は一六〇ヶ国に及ぶ（李 2011）。

では、どのような教派が海外宣教に積極的なのだろうか。韓国におけるプロテスタント教会の性格は多様であり、その特徴を類型化していくことは困難を極める。したがって、本章では韓国プロテスタント教会を便宜的に福音派とリベラル派に分けて論じる[5]。両者のうち、近年、海外宣教を盛んに展開しようとしているのは、いわゆる福音派の教会である。

韓国では、一九七〇年代から一九八〇年代の民主化運動の際に、リベラル派の教会が運動の主要な担い手となった。「都市産業宣教会[6]」をはじめとする、ラディカルな志向をもった教会やＦＲＯは、韓国内の下層社会に入り込み、労働運動などを通じて彼らの生活水準の向上と権利擁護をおこない、貧困層の支持を得るようになった。このような実践は「民衆の神学」としてアカデミズムにおいても盛んに取り上げられることとなったが、キリスト教界全体からすれば少数勢力であった(7)。当時、韓国内で目覚ましい教勢拡大を経験したのはリベラル派ではなく、むしろ福音派であったことに留意する必要があるだろう。

一般的にリベラル派は人々の生活の質を向上させることに主たる関心をおき、信者数の拡大をそれほど強調しない傾向がみられる。これに対し、福音派は信者を増やすことがより良い社会形成につながると考える傾向が強く、信仰を通じた個々人の（霊的）救済を強調する。韓国の福音派教会の拡張志向は、上記のような社会観に負うところが大きく、近年、日本宣教を試みている教会の大半もやはり、信者の量的拡大を重視する福音派教会なのである。

1-3. 重要な宣教対象としての日本

李賢京は、すでに一九一〇年前後に韓国の宣教師が日本で牧会を展開した複数の事例に着目し、韓国のプロテスタント教会による日本宣教は各教団・教派によって時期が異なることを指摘している（李 2007）。とはいえ、韓国のプロテスタント教会の布教が本格化するのは、韓国人の海外渡航が自由化した一九八〇年代後半である。韓国人の海外渡航の自由化にともなって、東京や大阪といった大都市にはビジネス、留学、国際結婚など、さまざまな目的で、多くの韓国人が移住するようになった。

そして、韓国人ニューカマー[8]の集住地に複数の韓国系プロテスタント教会が形成されるようになった。日本で十分な生活基盤を確立していない韓国人ニューカマーにとって、韓国系プロテスタント教会は、単に信仰実践の場としてだけではなく、不慣れな社会のなかで、部屋探しや職探しといった生活の便宜を図るコミュニティ・センターのような役割も果たし、求心力を高めていったことが先行研究からも明らかになっている（奥田・田嶋編 1993; 朴賢珠 2000; 福本 2002）。その結果、韓国系プロテスタント教会のなかには日本宣教の開始から短期間で急激な教勢拡大を経験したところもある。

一方、近年、韓国系プロテスタント教会の多くは韓国語と日本語の礼拝を分けておこなったり、同時通訳をおこなったりして、日本人への布教も重視している。李賢京が指摘しているように、日本のキリスト教人口は一％に達しておらず、このことは信者数の飽和状態で苦しむ韓国プロテスタント教会が日本に目を向ける大きな要因となっている[9]（李 2007）。韓国人ニューカマーの場合、短期間で韓国に帰国することが多いため、継続的な信者形成が困難である。一方、日本人の場合は、基本的に定住性が高いため継続的な信者形成が期待されるのである。

申光澈は韓国プロテスタント教会による日本宣教の主要な担い手を三つに分類している。第一は「宣教大会」である。注目に値する宣教大会として日韓の教会交流の活性化などを目的とした「ミッションジャパン」と韓国人留学生を対象にした「コスタジャパン」が挙げられている[10]。第二は「日本宣教の拠点教会」である。その代表例として「ヨハン東京キリスト教会」と「純福音東京教会」を挙げている。第三は「宣教団体」である。その例として一九九一年に発足した日本福音宣教教会（Japan

Evangelical Mission）という超教派宣教団体を挙げている[11]。日本福音宣教教会は多様な日本宣教の訓練プログラムを実施しており、二〇〇六年までに約三六〇人の訓練生を修了させている（申・中西2011）。

以上のほか、申光澈は一定期間、一般信者らが特定の地域を訪問し、路傍伝道などを実施する「短期宣教」や衛星放送を活用した「メディア宣教」の存在を指摘している。メディア宣教の代表例として「ＣＧＮ ＴＶ」が挙げられており、「韓流現象」を宣教に活用する戦略もみられるという。

2．ホームレス支援における韓国系プロテスタント教会の布置

2-1．日本における韓国系プロテスタント教会の展開

では、今日、日本にはどれだけの数の韓国系プロテスタント教会が存在するのだろうか。中西尋子は『クリスチャン情報ブック２０１０』（クリスチャン新聞編）と『キリスト教年鑑２０１０年版』（キリスト新聞編）の分析から、①韓国の教団教派に属する韓国系プロテスタント教会が一七二教会、②日本の教団教派に属しながらも韓国人牧師であったり韓国語礼拝をおこなっていたりする教会が一二八教会、③単立の教会で韓国人牧師であったり韓国語礼拝をおこなっていたりする教会が六〇教会あることを明らかにしている。中西はこれらのうち①はすべて韓国系プロテスタント教会と断定できるとし、②は一九八九年以降に設立された四四教会について韓国系プロテスタント教会である可能性が

高いと述べている。また、設立年は不明であるものの、韓国人が牧師を担う二二教会も韓国系プロテスタント教会としてみなしうるとしている。③については韓国人牧師によって担われている四七教会を韓国系プロテスタント教会とみなしている（申・中西 2011）。

以上のことから『クリスチャン情報ブック２０１０』と『キリスト教年鑑２０１０年版』から析出される韓国系プロテスタント教会は少なく見積もると一七二教会、多く見積もると二八七教会存在する。なお、『クリスチャン情報ブック２０１０』と『キリスト教年鑑２０１０年版』がすべての韓国系プロテスタント教会を網羅しているとは考えにくいため、実数はさらに多いと考えられる。

中西は韓国系プロテスタント教会とみなしうる二八七教会の地域分布を分析し、上位五つの都道府県が東京（七二教会）、大阪（三三教会）、神奈川（二三教会）、埼玉（二〇教会）、千葉（一九教会）であることを明らかにしている。このように韓国系プロテスタント教会はおもに都市部を中心に分布していることがわかる。また、中西は二八七教会のうち、設立年が把握できる一八七教会の分析から、約八割が一九八〇年代後半から二〇〇〇年代前半に設立されていることを明らかにしている。さらに中西は韓国系プロテスタント教会の信者数の分析もおこなっている。中西は二八七教会のうち、信者数が把握できる一五八教会の分析から、五〇人未満の教会が約五割、五〇人以上一〇〇人未満の教会が約三割、一〇〇人以上の教会が約二割を占めることを明らかにしている（申・中西 2011）。

『クリスチャン情報ブック２０１０』と『キリスト教年鑑２０１０年版』を用いた中西の研究によって日本における韓国系プロテスタント教会の概数、分布、信者数などの概況が明らかになったが、教会内のエスニシティ構成については不明点が多い。一九九〇年代に韓国系プロテスタント教会を調査したマーク・マリンズは、韓国系プロテスタント教会が日本に住む韓国人を足がかりに布教活動を展開しているために、信者は大半が近年韓国からやってきた移住者や異民族間結婚の一方の配偶者となっており、日本人の割合は低いと指摘している（Mullins 1998＝2005）。しかし、二〇〇〇年代におこなわれたいくつかの韓国系プロテスタント教会の調査においては、霊的な充足感を求めて日本人が新たに信者となっていることが明らかにされている（中西 2011；李 2011）。たとえば、中西が調査した大阪オンヌリ教会[12]では三〇〇人の信者のうち、韓国人ニューカマーが二〇〇人、在日韓国人（オールドカマー）が五〇人、日本人が五〇人となっており、韓国系プロテスタント教会が日本人を含むマルチエスニックな場になっていることがうかがえる。

2-2．ホームレス伝道をおこなう韓国系プロテスタント教会

ホームレス問題は一般的には社会構造上の問題というよりかはむしろ自己責任と考えられやすい。そのためホームレス支援は社会的合意を得ることが容易ではなく、ときとして否定的な評価を受けることがある。既成宗教、新宗教を問わず、日本の宗教団体やＦＲＯが国内外の災害復興や貧困地域の援助活動など、福祉的な活動に参与する事例を多く確認できるが、野宿者への関与が小さいのは、前述の理由によるものだと考えられる。すなわち信者の合意を得ることが困難であったり、宗教組織の教役者自身が二の足を踏みがちであったりすることが考えられるのだ。

一方、キリスト教はカトリック、プロテスタントともに他宗教に比べホームレス問題への関心が高い。キリスト教のホームレス支援は布教を積極的におこなうものと、そうでないものとに大別することができる。このうち前者を代表するものとして韓国系プロテスタント教会がある。韓国系プロテスタント教会は、クリスチャンを増やすという大きな使命をもっているため、社会的評価にそれほど拘泥することなく、ホームレス支援を熱心におこなっていると考えられる。

なお、ホームレス支援をおこなう韓国系プロテスタント教会は、あいりん地域や山谷といった寄せ場で活動するものと、韓国人ニューカマーが集住する大都市圏の都心部で活動するものとがある。両者の共通点は、野宿者を物質的にも精神的にも被剥奪状態にあると考え、入信の可能性をもつ存在としてみなしていることである。「伝道集会」という未信者を対象とした食事付きの集会をおこなう教会が多く、そこでは牧師が聖書に基づいて、野宿生活に至った原因を説明し、入信の必要性を何度も強調する。伝道集会では祈り、賛美、説教という一連の流れが終わった後に、食事や衣服を提供することが通例である。

一方、両者の相違点は教会の規模である。一般に韓国系プロテスタント教会が日本で教会運営を軌道に乗せることは容易ではなく、大半が小規模な教会にとどまっており、短期間で教会が閉鎖されるケースも少なくない。寄せ場でホームレス支援をおこなう韓国系プロテスタント教会も例外ではなく、日本人の信者形成に苦心するなかで、野宿者が新たな布教の対象となっている。二章と三章で取り上げたあいりん地域で活動する韓国系プロテスタント教会などはその典型例である。

寄せ場で活動する韓国系プロテスタント教会の多くは、日本で布教活動をはじめた当初、「韓国人ニューカマー」ないしは「一般的な日本人[13]」を布教対象にしていたが、その行き詰まりを経験するなかでホームレス伝道をおこなうようになった。したがって、寄せ場における韓国系プロテスタント教会によるホームレス支援は、日本での信者形成の困難が背景となっている[14]。実際に、あいりん地域でホームレス支援をおこなっている韓国系プロテスタント教会は、一部を除いて、人材的・経済的基盤が脆弱な教会で、そのうちの大半が野宿者および野宿経験者である[15]。

他方、大都市都心部でホームレス支援を展開する韓国系プロテスタント教会のなかには教会形成に成功している中規模から大規模な教会が存在する。それらは、韓国人ニューカマーのみならず、日本人の信者も比較的多い。これらのことから示唆されるのは、韓国系プロテスタント教会がホームレス支援をおこなう背景は、必ずしも日本人の信者形成の困難に起因するものではないということである。以下ではその具体例として東京都の都心部で精力的にホームレス支援をおこなう二つの韓国系プロテスタント教会を取り上げる。

3. 東京都心部における韓国系プロテスタント教会によるホームレス支援

本節では、最初に東京都におけるホームレス対策を概観し、次に東京都の都心部で活動する「地の果て宣教教会」と「東京中央教会・希望宣教教会」という二つの韓国系プロテスタント教会にフォーカスを当て、ホームレス支援の背景・実践内容・効用について論じる。

3-1. 東京都のホームレス対策

東京においてホームレス問題が取り沙汰されるようになるのは一九九〇年代前半以降である。その背景について、北川由起彦は次のように説明している。

それまで日雇労働市場に吸収されドヤ（簡易宿泊所）や飯場を当面の住まいとしてきた人びとが失業し野宿へと追いやられ、また、失業の長期化にともない山谷などの特定地区（寄せ場）から、新宿、渋谷、池袋などの都心部に拡散・滞留させられ、さらに、段ボール小屋やブルーシートのテントなどを構えることにより、その可視性が高まったことを契機としている。そして、ターミナル駅やその周辺の公園などでテントなどをかまえて少なからぬ人びとが野宿をする光景は、行政からは、①支援や保護を要する人びとが路上に存在し／増加しており、他方で②そのような人びとによって公共空間が占拠されている、という二本立ての問題として認識され、それらに対応するかたちで「野宿者の路上生活からの脱却」と「公共空間の占拠状態の解消」という二つの目的の下に「ホームレス対策」が展開されてきた。（北川 2014:186）

東京都におけるホームレス対策の柱は、一九九七年に開始された「自立支援事業」である。これは

「高齢」でもなく、「疾病」を患っていない野宿者を対象に、就労と住居の獲得による「自立」を支援する施策である。東京都は二〇〇一年三月にとりまとめた報告書『東京のホームレス』において、「自立支援事業」を再検討・拡充した「自立支援システム」を公表した。以降、「緊急一時保護センター」と「自立支援センター」を開設した[16]（北川 2005）。

自立支援システムの利用を希望する野宿者は、まず各区の福祉事務所を訪れ、簡単な面接を受けた後、「緊急一時保護センター」に入所する。同センターでは原則一ヶ月の入所期間中にアセスメントがおこなわれ、「自立支援センター」への入所」と「生活保護の受給」のいずれが適切かの決定がおこなわれる。「緊急一時保護センター」から「自立支援センター」に入所した者は、入所期間内に就職活動を実施し、就職決定後は同センターから通勤して貯蓄し、最終的にアパート入居等によって退所することを目指す（北川 2005）。

しかし、自立支援センターに入所しても中途退所するケースや、就労自立後に再び野宿生活に戻るケースが目立ち、自立支援システムでは野宿者の減少を達成させることが困難であることが次第に明らかになってきた。こうした状況のなか、東京都は二〇〇四年三月から、都内にある五つの公園でテントなどに居住する野宿者を対象に、一ヶ月三〇〇〇円という低家賃で住居（都営住宅、民間アパート）を貸し付ける「ホームレス地域生活移行支援事業」を開始した[17]。事業終了までの四年間に一九四四人が東京都の借り上げアパートに入居し、公園などの公共空間に常設されたテントや小屋の数は激減した。

ホームレス地域生活移行支援事業によって野宿者が大きく減少したことは事実であるが、野宿者そのものがいなくなったわけではなかった。ホームレス地域生活移行支援事業は野宿者の自立支援とともに「公園利用の適正化」を事業の目的に掲げているために、公園に定住している野宿者（固定層）を主たる対象としてきた経緯がある。一方、特定の居住空間をもたない野宿者（流動層）は施策の対象から外れており、より劣悪な状況での生活を余儀なくされてきた。また、施策を拒否する野宿者や、一度施策にのりつつも、何らかの理由で失敗した野宿者に対しては、東京都は積極的な援助を試みない。これらのことからも東京都が提供するセーフティネットにかからない野宿者が一定数存在する[18]。東京都の都心部もあいりん地域と同様、民間組織が公的なセーフティネットから排除された野宿者の支援活動を展開しており、その主要な担い手は世俗的なホームレス支援団体[19]とキリスト教教会ないしはキリスト教の信仰を背景にしたＦＲＯとなっている[20]。

ホームレス地域生活移行支援事業以降、野宿者の存在は見えにくくなったものの、支援団体が炊き出しをするときには、各地に点在している数百人の野宿者が一時的に集まり、可視化する。このように、彼らは厳重な警備の網の目を掻い潜りながら脆弱な生を維持している[21]。

世俗的なホームレス支援団体の活動については、活動家による著書や団体が発行する刊行物、研究者による調査などを通してある程度明らかにされている[22]。一方、教会の活動はその規模に比して内実が十分に明らかになっていない状況である。以下では、東京都の都心部で大規模なホームレス支援をおこなっている韓国系プロテスタント教会の「地の果て宣教教会」と「東京中央教会・希望宣教教会」を取り上げ、それらがホームレス支援をおこなうようになった背景と、実際の支援のアプローチをみていく。

3-2．地の果て宣教教会

地の果て宣教教会は、一九九八年二月に韓国人の沈元石《シムウォンスク》牧師が東京の自宅で数名の信者と礼拝をもつようになったことに端を発する。同年四月、ビルの一室を借り、そこを教会として利用するようになった。その頃、路傍伝道を通じて出会った二人の野宿者がきっかけとなり、日曜日と平日にホームレス伝道を実施するようになった。同年一二月には、物件の賃貸契約が打ち切られたことで教会を喪失し、しばらくの間、新宿中央公園で日曜礼拝をおこなうなど、困難な時期を経験するが、二〇〇〇年一月に千代田区外神田にあるビルのワンフロアを借り、礼拝堂を設けるようになった。以降、比較的順調に教会が成長していった(23)。二〇〇九年に筆者が調査した時点では地の果て宣教教会には約一五〇人の信者が在籍しており、そのなかで日本人が半数近くを占めていた(24)。なお、地の果て宣教教会の礼拝には韓国人ニューカマーも多く参加するが、使用言語は日本語が中心である。以上のことからも、この教会が日本人の信者形成に積極的であることがうかがえよう。

地の果て宣教教会が短期間のうちに比較的多くの信者を集めることができたのには大きく三つの要因が考えられる。第一に、沈牧師が日本の大学院で日本語研究をおこなった経験があることから、流暢に日本語を操り、日本文化にも精通していることを指摘することができる。このことによって日本人の信者は言語的・文化的な障壁をあまり経験することがなく教会に帰属することができたと推測することができる。

第二に、地の果て宣教教会が聖霊の働きを重視する教会であり、そこでは信者たちが霊的世界を実体験することができると信じられていることである。

信者たちは地の果て宣教教会に来て聖霊を見るようになったら、聞こえるようになったから、主《しゅ》の僕《しもべ》として生きるようになるのです。「肉」の情欲からも解放されて、本当に敬虔なクリスチャンとして生まれ変わり、満たされるようになるのです。みんな生活のなかで聖霊を体験しています。ここへ来ると変わるのですよ、人生が。去年だけでも、病院で死を宣告された人の病気がここに来て治りましたよ。こういうことはここでは普通のことなのですよ。神の力を心底信じていない教会はすぐに病院に行くことを勧めるけど、ここは（病気にかかっていても）病院に行っていない人がいっぱいいるのですよ。(25)

この語りが示すとおり、地の果て宣教教会では「病気の癒し」などの聖霊体験を契機に信者の信仰が確たるものへと変化する事例は枚挙にいとまがない。信者の居住地は東京都のみならず、成田市、横須賀市、横浜市、栃木市など、都外にまで及んでいる。彼らは地元の教会では容易に体験することのできない「聖霊との交わり」を求めて、遠方から地の果て宣教教会に通っているのである。

第三に地の果て宣教教会がゴスペルを積極的に取り入れていることを挙げることができる。二〇〇六年に賛美礼拝の伴奏を目的に地の果て宣教教会内にTokyo EMC Gospel & Jazz Bandが結成され、二〇一〇年にはゴスペルのクワイア（聖歌隊）も立ち上がった。これらの活動は教会の内外で展開されており、新たな信者形成のきっかけにもなっている[26]。

地の果て宣教教会は、あいりん地域で活動する韓国系プロテスタント教会とは異なり、比較的多くの「一般信者」を有する教会だが、ホームレス伝道を教会の最も中心的な活動と位置付けており、週三回、教会の内外でホームレス伝道を実施している[27]。

地の果て宣教教会の礼拝

一回のホームレス伝道につき、約三〇〇人の野宿者が集まり、毎回、説教後に食事を提供する。ランチプレートにサラダ、ご飯、ハムなどの肉類、揚げ物などが盛りつけられた食事は、昼食として十分な質と量を備えている[28]。このような大規模なホームレス伝道を実行するためには、大量の食料が必要となるが、地の果て宣教教会では、信者による支援のほかに、東京都福生市にある米軍横田基地や、生活困窮者への食料支援をおこなっているNPO法人セカンドハーベストジャパンなど、外部団体から定期的に支援を受けている[29]。またホームレス伝道の継続的実施には十分な人材が必要になるが、地の果て宣教教会では、教会で共同生活をしている十数人の信者たちが積極的に活動に参与していることを確認することができた。そのうちの半数は二〇代から三〇代にかけての青・壮年層の日本人と韓国人である。そして、残り半数が中高年の（元）野宿者で、彼らは食事の準備、物資の運搬、会場の設営など、実働面における中心的役割を担っていた。

そもそも「一般信者」の形成に一定程度成功している地の果て宣教教会が、多大な労力をかけてホームレス伝道をおこなう理由はいかなるものなのか。沈牧師は次のように説明する。

地の果て宣教教会の調理風景

ホームレス伝道をやるようになったのは、私が深い祈りをするなかで、ホームレスだけに集中するように主《しゅ》から啓示を受けたからなのです。私はもともとホームレスに興味がなかったし、正直なところ、近づきたくないとさえ思っていました。でも、ホームレス伝道をしないと私を用いないという啓示を受けたからやらざるをえなくなったのです。逆に「一般信者」に目を向けようとすると主《しゅ》に怒られたから。だから、今まで「一般信者」に向けた伝道はあまり熱心にやってこなかったし、今いる「一般信者」はどこかから、この教会のことを聞きつけて、自然と来るようになった人たちなのです(30)。

沈牧師の語りに従うならば、地の果て宣教教会のホームレス伝道は、牧師や信者の意志によってはじめられたのではなく、神の一方的な命令によるものである。このような召命観は、「一般信者」にも共有されており、実際に彼らが積極的にホームレス伝道に尽力している。「啓示」という超自然的体験に依拠した地の果て宣教教会の実践はホームレス支援の方向性にも大きな影響を与えている。たとえば、世俗的なホームレス支援団体の多くは、既存の社会福祉制度を積極的に活用したり、新しい制度を提案したりすることを通じて、野宿状態からの脱却を図ろうとする。しかし、地の果て宣教教会は野宿状態になることを「神の計画」と認識している。したがって、生活保護をはじめとする社会福祉制度の活用を勧めたり、就労支援をおこなったりすることは基本的にない。

> 主《しゅ》はせっかく福音を聞かせるために、人々を路上に連れ出しているのに、社会復帰を名目に支援することは神の意志に反しています。失業者になって福音が聞こえるようになったという人はたくさんいますけど、元に戻してしまうと聞けなくなるのです。だから積極的に勧めません。野宿状態になったり、失業したりするのは、救われる人の数が増えることですし、救われるための主《しゅ》の計画なのです。野宿者になったことによって教会に来るようになり、生きる意味と価値をみつけたという人はいっぱいいるわけです。それを元に戻して福音から遠ざけるのは霊的ではないし、良くない。ある教会は、何人を社会復帰させたといって宣伝するけど、悲しいですよね。主《しゅ》の心をわかっていないと思います。(31)

この語りからも明らかなように、地の果て宣教教会は、野宿生活を脱することより信仰をもつことのほうがはるかに重要なことだと認識している。また、沈牧師はホームレス伝道における食料配布も布教のための手段であると言明する。

東京中央教会

食料を提供するのも御言葉を伝えるための道具なのです。食料だけを配るのは、ひとりの霊的な人間を動物扱いするのと一緒のことになってしまいます。それは結局、相手を見下げることと同じです。野宿者は動物ではなくて人間だから、ただエサばかりを求める動物ではないから、福音を伝えることが大事だと考えています。私たちが本当に分けたいのは食料ではなく福音なのです[32]。

では、具体的に「地の果て宣教教会」と日常的に接触している野宿者は、信仰をどの程度受け入れているのだろうか。筆者の聞き取りによれば、沈牧師はホームレス伝道に参加する野宿者の半数以上が洗礼を受けていないものの、キリスト教の信仰をもつようになったと認識している。たしかにホームレス伝道では沈牧師のエネルギッシュな話を真剣に聞き入る野宿者が多くいる[33]。また、聖霊の働きによって、病気や悪癖を克服した野宿者のエピソードが説教のなかでしばしば紹介されている。しかし、筆者が二〇〇九年におこなった参与観察においては、実際に「地の果て宣教教会」にコミットしている（元）野宿者は、教会に住み込んでいるスタッフも含めて一〇人程度と少なく、大多数の野宿者はホームレス伝道のときのみ、地の果て宣教教会に関与するにとどまっている。

3-3. 東京中央教会・希望宣教教会

東京中央教会・希望宣教教会の沿革とホームレス支援のきっかけ

東京中央教会は、一九八五年、三井康憲・三井百合花牧師夫妻（韓国名、李康憲・丁眞淑）が新宿区四谷に設立した四〇坪の小規模な教会に端を発する。この教会はほどなくして、信者の増加により手狭になったため、翌年、新宿区百人町に移転した。一九九六年に一五〇〇人の収容能力をもつ巨大な教会を新宿区新大久保二丁目に完成させ、現在、日本で最も大規模な韓国系プロテスタント教会のひとつとなっている。(34) 東京中央教会は設立してから一〇年の間に、不安定な就業形態を余儀なくされている韓国人ニューカマーから、日本でのビジネス展開に成功した実業家の韓国人ニューカマーに至るさまざまな階層の人々を包摂しながら驚異的な信者の増加を経験したのである。信者構成は地域の事情を反映して韓国人ニューカマー、韓国人留学生、在日コリアン（オールドカマー）、日本人、そして少数の中国人も存在しており、多様なエスニックグループの結節点となっている。主日礼拝は一部から四部まであり、それぞれに同時通訳がついている。一日に約七〇〇人の信者が礼拝に参加するが、そのうち韓国人が占める割合は七割程度である。二〇一四年一二月に筆者が実施した聞き取りによれば、東京中央教会に所属している日本人の信者も約二〇〇人おり、日本人への布教も積極的におこなっていることをうかがわせる。東京中央教会の存在は韓国でも知られており、近年韓国から来日した韓国人ニューカマーや留学生が本国で得た情報を頼りに東京中央教会に所属することも少なくないという[35]。

　短期間で急激に教勢が拡大した東京中央教会だが、ホームレス伝道は二〇〇三年に数人の野宿者が教会を訪れるようになったことからはじまった。ほどなくして、東京中央教会ではホームレス伝道を「希望宣教会」と名付けた。そして希望宣教会は三井百合花牧師（以下、百合花牧師）を担任牧師に据え、七人の野宿者と

希望宣教教会の礼拝

礼拝を捧げるようになった（三井 2004:32）。

　当時、すでに新宿周辺では複数の教会が食事の提供をともなったホームレス伝道を開始しており、野宿者が教会の門を叩くことは珍しいことではなくなっていた[36]。野宿者の多くは「食」を確保することが困難な状況にあり、教会で提供される食事は彼らにとってまさに命綱であった。一方、百合花牧師は単に食事や物品を提供することでは野宿者を救済することが困難であるという考えをもっており、野宿者に礼拝への参加を促してきた。

　希望宣教会が発足するとすぐに多くの野宿者が集まるようになり、六ヶ月が経過すると登録会員は

六八〇人に膨れ上がった（三井 2004:49）。毎週水曜日と日曜日に野宿者を対象とした礼拝を教会内で実施しており、それぞれ約三〇〇人の野宿者が集まる。地の果て宣教教会と同様、毎回、説教後に食事を提供している。

二〇〇九年一月に希望宣教会は希望宣教教会へと改組された。希望宣教教会は東京中央教会の土地・建物を使用しながらも、財政的に独立した教会としてホームレス支援をいっそう強化するようになった。

参与観察を通じて把握するかぎりにおいて、地の果て宣教教会が「悪霊の追い出し」や「神癒」といった聖霊の働きを強調するのに対し、東京中央教会・希望宣教教会はそうしたプレゼンテーションは抑制気味である。東京中央教会・希望宣教教会では野宿者を対象とした礼拝で聖書に関するクイズを毎回出しており、正答者に景品が配られている。こうしたことからも、東京中央教会・希望宣教教会は「聖書の学び」を強調する傾向が強いと考えられる。

ホームレス支援をめぐる教会内外の合意形成

地の果て宣教教会は、教会を形成する初期段階からホームレス支援をおこなっていたために、「一般信者」から野宿者の受け入れをめぐって大きな反発は生まれなかった。一方、東京中央教会は教会の基盤が十分に成立した後にホームレス支援を開始したために、野宿者の受け入れは容易ではなかった。東京中央教会がホームレス伝道をはじめた当初、異臭、喧嘩、礼拝中のイビキなどをめぐって複数の信者から野宿者の立ち入りを禁止するべきだという要請があった。このような野宿者の受け入れをめぐる教役者と信者との見解の相違は、教会がホームレス支援を志向するときに、しばしば経験することである。多くの場合、教役者側はホームレス支援をするか「一般信者」の要望を優先するかの二者択一を迫られる。東京中央教会の場合も同様の状況に立たされたが、ホームレス伝道にとりわけ強い関心をもっていた百合花牧師は、自身が責任をもって野宿者を担当・指導するということを信者たちに明言し、何とか野宿者の受け入れが可能となった。

その後、希望宣教会の礼拝は、「一般信者」と同じ時間枠におこなわれるものの、「一般信者」を二階の礼拝堂に、野宿者を三階の礼拝堂に振り分けて両者の空間を分離させた[37]。すべての信者が野宿者の受け入れに賛成している状況ではないなかで、空間の分離はトラブルを顕在化させないために必要な対応であったと考えられる。このような工夫が功を奏して、希望宣教会の実践は徐々に「一般信者」にも受け入れられるようになった[38]。二〇〇九年一月に希望宣教会が希望宣教教会に改組されてからは、礼拝時間が東京中央教会と分けられるようになった。

このように、東京中央教会・希望宣教教会では教会内部の合意形成に注力する一方で、地域住民・商店に対する配慮もおこなった。どれだけ教会が野宿者を包摂しようとしても、地域住民・商店がそれに反対するような状況にあれば、活動の継続は難しいからである。東京中央教会は多くの商店が並ぶ大久保通り沿いに位置しており、地域住民・商店からの理解を取り付けることは欠かすことのできないものであった。そこで東京中央教会・希望宣教教会は野宿者に呼びかけて、月に一度、大久保通り（新大久保駅から明治通りまで）の清掃をおこなうようになった。作業時に野宿者たちは「希望宣教教会」とプリントされた緑の大きなたすきをかけ、その活動が東京中央教会・希望宣教教会に集っている野宿者によるボランティア活動であることをアピールしてきた。この清掃活動を継続的におこなうことで、地域住民からの排除的な眼差しは徐々に弱まり、近隣の商店からも物資の提供を受けるなど、希望宣教教会の活動に理解が示されるようになった。

野宿者に向けた多様なサービスの提供

ホームレス伝道をおこなう教会の物質的援助は、食料や衣服の提供に限定されがちだが、希望宣教教会は七〇〇人を超える信者が在籍していることから、サービス内容の質・量ともに他を凌駕している。東京中央教会が希望宣教教会を開始するようになってから、教会の敷地内にシャワー室が新たに設置され、野宿者が利用できるようになった。また、美容師の資格をもつ信者が教会内で野宿者の散髪をおこなうようになった。こうした実践によって、野宿者の衛生状態は格段に良くなった(39)。また、不定期ではあるが、信者のネットワークを通じて、ガードマンなどの日雇労働の求人依頼が希望宣教教会に入ることもある。

これらのほか、希望宣教教会では礼拝のたびに、出席カードを野宿者に配布し、彼らの出席状況を確認している。月のはじめには出席率の高い上位三人に日用品などをプレゼントとして配布している。また、「仲間」を新たに教会に導いた野宿者にも日用品をプレゼントとして配布している。さらに、月末の礼拝では、誕生月の参加者に下着などをプレゼントとして配布している。このような手法は、野宿者の高い礼拝出席率と野宿者間の積極的な布教活動を実現させるうえで大きな効力を発揮している。

教会内における役割の提供

先述したように、野宿者は東京中央教会・希望宣教教会のさまざまなサービスを利用しているが、彼らはつねにサービスの受け手にとどまるわけではない。野宿者のなかには、建設・土木関係、調理等の職業経験者が多くみられるが、東京中央教会・希望宣教教会は可能なかぎり、彼らの能力を最大限に活かし、主体的に参与する機会を創造してきた。

希望宣教会が発足してから一年後には、百合花牧師の発案で、「ボランティア会長団」というボランティア・スタッフの組織を結成した[40]。ボランティア会長団では、会長・副会長・総務・書記といったさまざまな役職を創設し、ボランティア活動に熱心な野宿者に担わせた。このように、野宿者を横並びに扱うのではなく、緩やかな差を設けることで主体的な参加意欲を引き出した。実際に東京中央教会・希望宣教教会は、教会内の増改築や外壁工事を業者に依頼せず、野宿者たちに任せるようになった。教会の清掃や剪定といった日常的なメンテナンスも専門技能をもつ野宿者が積極的に関与するようになった。また、ホテルでコックをしていた野宿者のひとりは、その経験を見込まれ、東京中央教会・希望宣教教会の料理長を任されるようになった。このような教会内での役割の提供は、野宿者に自尊心の回復と居場所を確保する機会を生み出し、帰属意識を引き出す大きな原動力となった(41)。また教会にとっても、彼らの積極的活用はコスト削減につながることからメリットが少なくないと思われる。

百合花牧師は「私たちの教会はホームレスの方々が来られてから綺麗に、そして立派になったのです」と、野宿者たちにはもちろんのこと、「一般信者」の前でも強調する(42)。野宿者の受け入れは組織にさまざまな不利益を生じさせるものと捉えられがちだが、百合花牧師は希望宣教教会の存在が教会を混迷させるものではなく、むしろ教会に恵みをもたらすものであると捉え直す工夫をおこなってきた。食堂の壁面には、東京中央教会の主要な取り組みやイベント時の写真が飾られているが、そこでは一般信者よりも希望宣教教会のほうが数多く取り上げられている。このように野宿者の存在が周縁的なものではないということを示す配慮が随所にみられるのである。

入信・所属状況

希望宣教会が発足した二〇〇三年から二〇一四年までに約五五〇人もの野宿者が洗礼を受けている。ホームレス伝道をおこなっている教会のなかには、野宿者が希望すれば、すぐに洗礼を授けるところもあるが、希望宣教教会の洗礼式は海の日（七月の第三週目の月曜日）に限られており、平均すると一回の洗礼式で約四〇人の野宿者が受洗している(43)。

多くの野宿者が受洗するものの、教会に継続的に関わっている者は約一〇〇人程度となっている。

彼らのなかで、より教会活動に積極的な野宿者はボランティアグループに加入している(44)。日々の生活さえままならない野宿者がボランティア活動に勤しむのは一見すると非合理的な実践だが、ボランティア・スタッフは、教会内で役割を得て、他者のために働くことが一度喪失した「生きる意味」を再生させるきっかけになっていると認識している。

彼らは単に教会活動にボランティアとして参与するだけでなく、布教の担い手としても積極的に活動する。洗礼式が近づくと、百合花牧師が礼拝時に野宿者に対し受洗の呼びかけを度々おこなう一方で、希望宣教教会のボランティア・スタッフたちは、知り合いの野宿者を個別的に布教しているという実態がある。ボランティア・スタッフたちの大半が現役の野宿者であるため、彼らはすでに構築されている仲間関係を通じて布教をおこなうのである。教会には各々のボランティア・スタッフが洗礼式に何人の知人をリクルートしたのかを明示した一覧表が貼り出される。信仰を他者に伝えたいという欲求に加え、布教すればするほど、教会内で報償されるため、ボランティア・スタッフたちはこぞって布教に励むのである。このような競争原理の活用がボランティア・スタッフの積極的な布教活動を促進し、結果的に多くの野宿者の入信につながっていると推測することができる。

希望宣教教会は巧みな手法で信者のコミットメントを引き出すことに一定程度成功しているが、勤勉なボランティア・スタッフの大半は野宿状態のままであることに変わりはない。彼らは堅固な信仰と所属意識をもっていると主張するが、生活基盤が脆弱なため、実際には一部のボランティア・スタッフを除き、構成員は流動的である。

4. 韓国系プロテスタント教会のホームレス支援の特徴

地の果て宣教教会と東京中央教会・希望宣教教会の事例が示すとおり、ホームレス伝道をおこなう韓国系プロテスタント教会は一枚岩ではなく、実践の経緯、支援内容、規模などが大きく異なっている。しかしながら、本章ではそれぞれの差異よりも共通点を強調することで韓国系プロテスタント教会によるホームレス支援の特徴を明確にしていきたい。

4-1. 韓国系プロテスタント教会の支援方法と野宿者観

韓国系プロテスタント教会は、野宿者に対して生活保護受給に向けた支援をおこなったり、自立支援制度に橋渡ししたりすることには消極的である。いずれの教会も食事や衣服の提供をおこなっているが、それらは副次的なものと捉えられており、何より霊的な次元での救済を重視する傾向がある。そのため布教活動が活発に展開され、受洗が重視される。

韓国系プロテスタント教会は、何事に対しても感謝することを野宿者に推奨し、現状に対して不平・不満をこぼすことを否定する傾向が強く、「罪」の悔い改めと自己変革を強調する。このように韓国系プロテスタント教会は、問題の原因を野宿者自身に向ける傾向がある。そのため野宿者が被る差別や排除の動きに政治・社会的に対応することは少ない。むしろ、程度の違いこそあれ、このようなネガティブな事象を信仰に目覚める重要な契機と捉える傾向がある。

4-2. 野宿者の減少に対する効用

ホームレス伝道をおこなう韓国系プロテスタント教会は、世俗的な価値において無用視されがちな野宿者をかけがえのない重要な存在として尊重する。また、韓国系プロテスタント教会は、社会的に排除された野宿者を包摂し、物質的な側面だけでなく、彼らの意味世界に強く介入するため、入信する野宿者を生み出すこともある。教会への帰属の程度はさまざまだが、野宿者の多くは教会を単に道具的にアクセスする場としてだけではなく、安心して集える場と捉えている。とりわけ信仰を内面化した野宿者にとっては、教会が他で代替することのできない親密性の強い場にもなるだろう。このように韓国系プロテスタント教会によるホームレス支援は、「社会関係の回復」には一定の効果を発揮すると考えることができる。

しかし、「野宿生活からの脱却」という点においては、韓国系プロテスタント教会のホームレス支援は、あまり効果的ではないと考えられる。大半の韓国系プロテスタント教会は、日本社会に十分定着していないことから、野宿生活から脱却する具体的な方法をほとんど有していない。野宿生活からの脱却を支援するには、既存の社会資源やソーシャル・キャピタル(45)を活用することが不可欠だが、韓国系プロテスタント教会は「脱野宿」より「信者の増加」を重視するために、ホームレス支援を担う諸機関との連携が乏しい。したがって、ホームレス伝道をおこなう韓国系プロテスタント教会は活動の規模こそ大きいものの、実際に提供されるのは当座の生活に必要な食料と物資などに限られており、支援の包括性を欠いていることは否めない。

4-3．日本のリベラル派教会によるホームレス支援との比較

このような韓国系プロテスタント教会のホームレス支援の性格は、ホームレス支援をおこなっている日本のリベラル派プロテスタント教会やそれらが母体となったホームレス支援団体の実践と比較するとより明確になる。リベラル派プロテスタント教会やそれらが母体となったホームレス支援団体は、野宿者を生み出す要因を個人だけでなく社会構造にも見出す傾向がある。したがって、布教活動を前面に出すのではなく、政府への要望活動などを通じて新たな支援策を提案したり、自らが野宿者を支援する施設を運営したりすることで、野宿生活からの脱却を図ろうとする。日本のリベラル派プロテスタント教会が母体となったホームレス支援団体は、あるときには積極的な就労支援を実施する。また、あるときには公的な福祉サービスを活用するなど、対象者にあわせた柔軟な対応を展開している。さらに日本のリベラル派プロテスタント教会が母体となったホームレス支援団体は、他教会や他の支援団体との協働関係を取り結んでいるところが多く、そのうちのいくつかは、ＮＰＯ法人格を取得して、行政からの委託を受けて自立支援事業を展開している[46]。こうした組織は、既存の社会福祉制度やソーシャル・キャピタルを活用することで、体系的なホームレス支援を展開している。結果的にこれらの組織は地域社会において、また行政機関においてホームレス支援の担い手として認知されている。

他方、韓国系プロテスタント教会は、ホームレス支援に関わる世俗的な機関との連携が弱い。また、同様の活動をしている教会が近隣に多く存在するにもかかわらず、それらとの連携も乏しい。これらのことから、支援が体系化することなく、部分的な支援が膨張する結果となっている。こうした韓国系プロテスタント教会の「閉鎖性」の背景は福音派であるということ以上に日本社会への定着度の低さや社会福祉への無関心に求められるのではないだろうか(47)。

まとめにかえて

社会的に排除された状況のなかで生きている野宿者にとって、韓国系プロテスタント教会は数少ない社会関係のひとつとなっており、その支援は野宿者の生存を左右するほどの影響力をもっている。また、韓国系プロテスタント教会は、野宿者をかけがえのない存在として肯定する。さらに、必要に応じて野宿者に社会的役割を提供する。これらのことからも推察できるように、野宿者にとって韓国系プロテスタント教会は数少ない居場所になっている。

しかし、韓国系プロテスタント教会の多くは、日本社会への定着度が低かったり、社会福祉に対する関心が乏しかったりするために、野宿生活から脱却させるためのノウハウをほとんどもっていない。また、韓国系プロテスタント教会の多くは、野宿者を信者にして自教会に取り込もうという姿勢が顕著にみられる。したがって、現時点における韓国系プロテスタント教会のホームレス支援は、「信仰に基づいた野宿者の自立支援活動」というよりも、むしろ、「自教会の信者形成」に重点があるといえよう。また、韓国系プロテスタント教会のホームレス支援は、他機関との協働関係が乏しいために、支援の体系性を欠くことが多い。したがって、意図せざる結果として、積極的なホームレス伝道が野宿生活を維持させてしまう可能性をはらんでいる。

　ホームレス支援をおこなう韓国系プロテスタント教会が日本社会のなかで定着し、社会的信頼を得ようとするならば、教会同士のネットワーク化や行政を含めた他機関との協働を通じた社会参加が要求されるが、布教活動を堅持するかぎり、その実現可能性は低いだろう。

第六章　沖縄におけるキリスト教系NPOのホームレス自立支援事業

——親密圏の回復と「自立」の葛藤

はじめに

従来、日本におけるホームレス問題は、おもに釜ヶ崎、山谷、寿町といった日雇労働者が集住する寄せ場[1]で顕在化していたが、一九九〇年代の中頃からは、特定の寄せ場のみならず、全国の都市部にも広がりをみせるようになった。従来、ホームレス対策は、生活保護法による保護と自治体独自の施策である法外援護によって構成されてきた。しかし、一九九〇年代後半以降、野宿者の急増を背景に国レベルでの新たなホームレス対策が要請されるようになり、二〇〇二年には「ホームレスの自立の支援等に関する特別措置法」（以下、ホームレス自立支援法）が制定された（山田 2009）。とりわけ野宿者数が相対的に多い大都市においては、公的資金を投じてシェルター（仮設一時避難所、臨時夜間避難所、ケアセンター、公園宿泊所、一時保護所）や自立支援センターが設置されるなど、ホームレス対策が積極的に展開されてきた[2]。

一方、中核市[3]以下の市町村で確認されている野宿者は全体の約三〇パーセントを占めているものの、その存在が深刻な都市問題とまでは認識されていないことから、公的な施策を欠いていたり、不十分であったりすることが多い[4]。ホームレス自立支援法においては、地方自治体がNPOなどの民間支援団体と協働することで、より柔軟な支援を展開することが課題として掲げられている。しかし、地方都市においては公民協働型のホームレス支援は十分に機能しておらず、むしろ、NPOをはじめとする民間団体（ボランタリーセクター・非営利セクター）が政府（公的セクター）の代用的機能を果たしているケースは少なくない。

垣田裕介は「地方都市におけるホームレス支援のありようは、公的な支援資源が乏しいなかにあっても、民間支援団体による支援活動の展開によって質的にも量的にも様々なバリエーションをみせており、地域のホームレスの実態や支援策の動向を左右している」（垣田 2011:22）と論じている。こうした視点を念頭においたうえで、本章は相対的に公的なホームレス支援が乏しい地方都市におけるFROの活動事例として「NPO法人プロミスキーパーズ」（以下、プロミスキーパーズ）を取り上げる。そして①ホームレス支援に至る経緯、②ホームレス支援の方法、③持続的なホームレス支援を可能にするソーシャル・キャピタルの形成パターンをフィールドワーク[5]から得た知見をもとに分析する。これらの作業を通じ、FROに特徴的な包摂のメカニズムを明らかにしつつ、それが政府の想定する野宿者の経済的・社会的自立（以下、「自立」と呼ぶ）と容易につながらないことを指摘する。

1．沖縄におけるホームレス問題

1-1．沖縄における野宿者の特徴

先述したとおり、大都市ではホームレス自立支援法の施行にともない、自立支援センターをはじめとする各種の公的なホームレス対策が講じられ、野宿者数の減少が顕著にみられた。(6) 対して、沖縄では公的なホームレス対策が積極的に講じられてこなかったこともあり、二〇〇三年一五八人、二〇〇七年一六七人、二〇〇九年二〇〇人と、県内の野宿者数は年々増加する傾向がみられた。(7)

しかし、二〇〇九年以降は野宿者数が減少するようになり、二〇一一年一三六人、二〇一三年一〇二人となっている。この一因となっているのが、二〇〇九年三月に厚生労働省社会援護局保護課長が出した「職や住まいを失った方々への支援の徹底について」という通知である。この通知によって現在地保護の徹底、住居がないことを理由に保護申請を却下できない、稼働能力があることをもって保護の要件を欠くものではないことなどが確認された。以上のことから沖縄県内で生活保護を受給する野宿者が増加するようになったと考えられる。詳しくは後述するが、二〇〇〇年代後半から沖縄県内で各種のホームレス対策が講じられたことも野宿者数の減少につながっていると考えられる。

では、沖縄県における野宿者は他の都道府県の野宿者とどのような共通点と相違点をもつだろうか。男性の割合が圧倒的に高いこと、(8) 都市部に集住していること、公園などの公共空間を野宿場所にしていること、アルミ缶収集などの雑業で生計を立てていることなど、沖縄県と他の都道府県の野宿者の共通点は少なくない。一方、沖縄県の野宿者に特徴的な点として本土出身者が多くみられることを指摘することができる。一般的に不安定就労層は仕事の機会を求めて大都市に移動する傾向があるため、那覇市のような地方都市に本土から多くの人々が移動するパターンは注目に値する。

沖縄県で最も野宿者が多く暮らす那覇市では、野宿者の約四〇パーセントが本土出身者となっている(9)。本土出身者といっても二つのパターンがある(10)。ひとつは仕事の機会を求めて、かなり以前に沖縄に移住した人々である。彼らの多くは一九七五年から一九七六年にかけて実施された沖縄国際海洋博覧会を契機に本土から来て土木建築や観光業などに従事してきた。もうひとつは就労のためというよりは、失業や家族関係の崩壊など、本土でさまざまな生きづらさを抱えたなかで、近年になって安住の地を求めて単身で来沖した人々である。なお、地元出身者の多くは産業構造の転換や不況による失業、家族関係の悪化、アルコールやギャンブルといったアディクションなど、さまざまな要因が複合的に絡み合うかたちで野宿者になっている。

1-2. 沖縄におけるホームレス支援の概況

沖縄ではホームレス支援に関する国の補助事業も、県や市町村の単独事業も限定的にしかおこなわれていない。大阪市などの大都市では既存の救護施設をホームレス対策にも活用しているが、沖縄県にある救護施設ではそのような活用は原則的にない。

また、生活保護は基本的には本人の申請に基づくものであるため、その制度の存在を知らない野宿者や独力で生活保護申請をおこなうことが困難な野宿者がセーフティネットからこぼれ落ちやすい。たとえ生活保護申請をおこなったとしても、受理されるとは限らず、野宿生活を余儀なくされる者は少なくない[11]。このような状況下、沖縄ではＮＰＯがホームレス支援の中心的な担い手となっている。沖縄県内で積極的にホームレス支援をおこなっている団体には沖縄日雇労働組合から派生してできた「ＮＰＯ法人みのりの会」（那覇市）と、沖縄ベタニヤチャーチから派生してできた「ＮＰＯ法人プロミスキーパーズ」（那覇市）の二団体がある。みのりの会の活動の中心は野宿者の生活保護申請を手助けし、その後、同団体の事務所が併設されたアパートに入居させ、居住支援をおこなうことである。一方、プロミスキーパーズの活動の中心は野宿者を自立支援施設に入居させ、そこで一定の職業訓練を施し、就労自立を手助けすることである[12]。なお、本章は地方都市においてホームレス支援をおこなうＦＲＯのメカニズムを明らかにすることを目的としているため、以下ではプロミスキーパーズにフォーカスを当て、インタビューデータをもとにその歩みを俯瞰する。

2. キリスト教系ＮＰＯによるホームレス支援

2-1. 教会活動の延長としてのホームレス支援

プロミスキーパーズは一九九九年に設立されたプロテスタント教会「沖縄ベタニヤチャーチ[13]」が母

体となっており、同教会の山内昌良牧師が代表を務める（以下、山内代表）。沖縄ベタニヤチャーチは「弱い人、貧しい人、苦しい人、悩んでいる人を助けることを教会の目標としていた[14]」ため、夜間にも施錠せずに教会を開放していた。すると、徐々に野宿者が寝泊りするようになった。当時の状況について山内代表は以下のように述べている[15]。

最初の信徒は五名です。親族を中心に五名でスタートしました。はじめは私のアパートで三ヶ月やったのですよ。一九九九年一一月に、ある程度の大きさの教会を浦添市の大平に設立して。その時には信徒は二〇人ぐらいになっていました。当時はアルコール依存症や精神疾患を抱えた人はいなかったのですが、正式に教会として看板を掲げた途端、そういう人たちが来ましたね。

当初、沖縄ベタニヤチャーチは積極的に野宿者を受け入れようと意図していたわけではなかったため、野宿者を宿泊させることの是非について信者の間で大きく意見が割れた[16]。その結果、野宿者の受け入れに反対する多くの信者が沖縄ベタニヤチャーチを離れることになった[17]。

教会に鍵をかけず、二四時間オープンにすることについては信徒たちと議論がありましてね。「危ない」とか「ピアノがなくなったらどのように責任をとるのか」と問いつめられることもありました。ですからこの活動をすることでずいぶん信徒が減りました。信徒もどうしたらいいのかわからない部分もあると思いますけど。私は妥協をしませんから。この教会にとどまるか、私たちのような活動をしない教会に移るか、どちらかしかないのですよ。

こうして一番多いときに一〇〇人以上いた信者はホームレス支援を開始してから半数以下にまで激減した。しかし、沖縄ベタニヤチャーチは、教会を野宿者に開放し続けた。その意図について山内代表は次のように述べている(18)。

本来、キリスト教というものが福祉の原点だと思うのですよ。ですから、そこに教会が立つべきだろうと思っているのです。社会的弱者は誰かが力を貸さないと、十分に生きていくことができない。そこに目を向けることはイエス・キリストの意思に適うことだと思っています。困難を抱えた人たちを救済することが教会の使命だと思っています。

そして、二〇〇三年には野宿者が集住する公園に積極的にアウトリーチをおこなうようになり、教会に宿泊する野宿者の数はさらに増えていった。

2-2．NPOの設立によるホームレス支援の本格化

〈自立支援施設「エデンハウス」の設置と社会的認知の拡大〉

二〇〇五年に沖縄ベタニヤチャーチはホームレス支援の規模が拡大したことを背景に、教会を基盤にした支援団体「プロミスキーパーズ」を設立した。以来、ホームレス支援がいっそう精力的におこなわれるようになった。プロミスキーパーズ設立後も沖縄ベタニヤチャーチが野宿者の宿泊場所になっており、常時約四〇人が利用していた。

狭小な宿泊スペースを克服し、より充実した支援を可能にするために、プロミスキーパーズは二〇〇七年、中頭郡西原町に宿泊機能を備えた自立支援施設（定員四〇人）を教会とは別に新設した。ホームレス支援に特化した施設を設置したことから、プロミスキーパーズは沖縄県内の市町村役場、警察署、保護観察所などから入所依頼や身元引受人依頼を受けるようになり、定員を超える五〇人以上の野宿者を支援するようになった。当時の自立支援施設は倉庫を改造した急ごしらえのもので、安全面および衛生面で多くの課題があった。以上のことから入居者の住環境を整備するためにプロミスキーパーズは二〇〇八年に老人ホームとして使われていた中頭郡西原町の土地・建物を金融機関の融資を受けて購入した。そしてそこに自立支援施設を移設し、「エデンハウス」と名付けた。この頃からプロミスキーパーズの活動は、テレビや新聞で頻繁に取り上げられるようになり、社会的な認知が進んだ。このことによってエデンハウスの入所者は増え続け、さらなる受け入れができない状況になっていった。

〈宿泊施設「朝日のあたる家」の設置と事業規模の拡大〉

エデンハウスの収容人数が限界に達するなか、プロミスキーパーズは二〇〇九年に観光ホテルとして使われていた那覇市曙の土地・建物を再び金融機関の融資を受けて購入し、就労自立が困難な（元）野宿者のための宿泊施設「朝日のあたる家」を設立した[19]。以来、プロミスキーパーズは二つの施設（エデンハウスと朝日のあたる家）で常時約二〇〇人の支援をおこなうようになった。また、同年にプロミスキーパーズは他機関との協働を促進させるため、ＮＰＯ法人格を取得した。これにともない、「那覇市ホームレス緊急一時宿泊事業[20]」の受け皿として朝日のあたる家が活用されるようになった。また、二〇〇九年度の国の緊急雇用創出事業による那覇市真嘉比地区の遺骨収集事業[21]を受託するなど、プロミスキーパーズの事業規模が拡大していった。

エデンハウス

二〇一〇年からプロミスキーパーズは沖縄県福祉保健部福祉・援護課の「ホームレス巡回相談指導等事業[22]」の受託先となっており、那覇市以外の野宿者の支援もおこなうようになった。二〇一一年からは厚生労働省の「ホームレス等貧困・困窮者の「絆」再生事業[23]」の受託先として総合相談、居場所の確保、生活支援などを実施している。さらに同年から刑務所出所後の帰住先の確保のために新たに設けられた法務省の施策「緊急的住居確保・自立支援対策[24]」の受け皿としてエデンハウスや朝日のあたる家が利用されるようになった。

　このようにプロミスキーパーズの支援対象者は「狭義のホームレス」としての野宿者から「広義のホームレス」である不安定居住者にまで広がっていった。また、那覇市、沖縄県、厚生労働省、法務省と様々な公的機関と協働を進めるなか、支援体制を強化させていった。

朝日のあたる家

2-3. 支援の実態

　前節ではプロミスキーパーズの沿革を概観したが、本節では実際の支援内容を概観する。プロミスキーパーズはエデンハウスを設置した二〇〇八年以降、公的機関とのインフォーマルな協働をすすめるようになり、二〇〇九年のNPO法人取得以降はフォーマルな協働が進展した。しかし、こうした公民協働がすすめられる前から、プロミスキーパーズは①アウトリーチ、②宿所提供、③起業・職業訓練、④職業紹介の四つの事業を独自に展開してきた。これらの事業が先行的におこなわれており、のちに各種の公的な補助金事業や委託事業が適用されるようになったことは注目に値する。

　なお、先に示した四つの事業を包括する団体は全国でも類例が少ない。近年、野宿者の自立支援においては、炊き出し・生活相談・就職・生活保護受給・居宅設置・居宅生活の維持といった一連の取り組みをトータルに実施することの有効性が論じられている[25]。プロミスキーパーズはこうした「トータルサポート」を担うことができる稀有な支援団体といえよう。以下では四つの事業の概要を紹介する。

①アウトリーチ

プロミスキーパーズは設立時から野宿者に対するアウトリーチを積極的におこなってきた。当初は毎週、金曜日と土曜日に那覇市内の五つの公園[26]で野宿者の安否を確認し、自立支援施設「エデンハウス」への入所を勧める活動をおこなってきた。飲食物を配布しながら公園で生活をしている野宿者に「困ったらエデンハウスに来てください」、「病気になったら必ず連絡くださいよ」などと連絡先を渡しながら声をかけて巡回していたが、すぐに彼らがエデンハウスに入所するわけではなかった。当時の状況を山内代表は次のように述べている[27]。

ホームレスの方々はおにぎりやパンを受け取ることはしますけど、すぐにエデンハウスには来ないですね。繰り返し訪問して、友達みたいに親しくなった段階で「将来どうしたいの？」、「エデンハウスに入所して社会復帰に向けてがんばろうよ」と勧めるのですね。そういうやりとりをするなかで、エデンハウスに来るパターンが多いです。なかには一年越しで説得した結果、公園で一〇年以上生活していた人が自らの意思でエデンハウスに入所したケースもあります。

アウトリーチにはスタッフだけでなく、かつて公園に暮らしていたエデンハウスの入所者も自発的に参加する。アウトリーチに参加するエデンハウスの入所者の何人かは過去に公園で暮らした経験がある。そのため公園で起居する野宿者とは知己の間柄であることが多い。野宿者たちはエデンハウスの入所者たちの生活状況の変化を目の当たりにし、公園での生活から脱却することを決意することも少なくないという。

近年では公園で野宿する人々が減少したことにともなって、那覇市内のアウトリーチは与儀公園一ヶ所となっている。与儀公園のアウトリーチは毎週土曜日の昼に実施されており、プロミスキーパーズが提供する食料支援には毎回二〇〇人ほどが参加している。

②宿所提供

プロミスキーパーズは中頭郡西原町と那覇市に野宿者のための入所施設をもっており、これら二つの施設で約二〇〇人が暮らす[28]。そのうち稼働層を自立支援施設「エデンハウス」（中頭郡西原町）に入所させ、彼らから宿泊費・食事費として毎月四万円を徴収している。一方、就労困難な重篤な傷病者や高齢者は生活保護制度につなぎ、彼らを宿泊施設「朝日のあたる家」に入所させ、家賃扶助に相当する金額を徴収している。また、生活保護を受給することができず、就労することも困難な入所者からは家賃・食費を徴収せず、無料でエデンハウスに入所させている[29]。

二〇〇三年度から二〇〇五年度にかけての全国の自立支援センター退所状況（一万六四一五人）の

調査によれば、その内訳は就労退所（二三・八％）、福祉等の措置による退所（三九・九％）、期限到来・無断退所等（三六・三％）となっている（道中ほか 2009）。このデータからは期限到来・無断退所などが多く、三分の一以上を占めていることがわかる。

公設の自立支援センターは入所期間や禁止事項が細かく規定されており、入所期間を超えたり、規則を違反したりした場合には退所を余儀なくされる。一方、プロミスキーパーズでは入所期間や施設内の規則を設けているものの、それらを厳密に適用すると施設入所者が再び路上に戻らざるをえないことを熟知しているので、極めて緩やかに適用している。実際にエデンハウスや朝日のあたる家では人間関係をめぐるトラブルをきっかけに無断退所をする者が少なくない。しかし、彼らが自らの意思で施設に戻ってきた場合、プロミスキーパーズは原則的に受け入れている。また、プロミスキーパーズがアウトリーチをするときに元施設入所者を発見し、施設に戻るように説得することもしばしばある。規則を破っても、無断退所をしても何度でも受け入れる姿勢が公設の自立支援センターと根本的に異なる点であろう。こうしたやりとりを経て、プロミスキーパーズを居場所と捉え、「支援される側」から「支援する側」へと役割を転換する入所者も少なくない。

③起業・職業訓練

プロミスキーパーズでは稼働能力が乏しい者には就労を強く要求しないが、稼働能力のある者には就労による自立を強く勧める[30]。生活保護制度を活用する前に稼働能力を最大限活用しようとするプロミスキーパーズのアプローチは他の自治体における公設の自立支援センターと類似している。一方で、自組織で起業し、中間的就労の場をつくっている点は他の自立支援センターとの大きな相違点といえよう。過去に会社経営をしていた山内代表の経験を活かし、プロミスキーパーズは自組織で廃品回収[31]、廃油を用いた石鹸づくり、ミネラルウォーターの販売、野菜づくりなど[32]多岐にわたる事業を展開し、施設入所者が労働に従事してきた[33]。プロミスキーパーズで展開されている起業と職業訓練について山内代表は次のように述べている[34]。

施設入所者にはまず資源ゴミのリサイクルをさせるのですね。そして細かい仕事ができるかどうか、また長時間働けるかどうかかみるのですね。プロミスキーパーズ内の仕事で三時間集中して働けない人が、一般の会社で八時間就労することはまず無理ですからね。リサイクルの仕事が十分にこなせるようになると、民間の会社を紹介することになります。ただ、この事業をはじめた当初は一般の会社に就職することができても、給料もらうとその途端に会社を無断で辞めていなくなってしまうことはよくありましたから、慎重に対応しています。

このように資源ゴミの回収をはじめとする自組織内の労働を自立訓練と位置づけ、一定の訓練を終えた施設入所者を民間の会社に紹介する方法をとっている。また、プロミスキーパーズは施設入所者の職歴だけでなく、性格・特性などを熟知しているため、それらを考慮した職場配置をしている[35]。

政府による野宿者の就労対策では、一般労働市場での就職が目指されるため、雇用のミスマッチが生じがちである。したがって、就労意欲のある野宿者のなかでも限られた者だけが就職できる構造になっている。一方、プロミスキーパーズは自組織で起業することによって一般労働市場で就労することが困難な層に就労機会を提供している。このことによりエデンハウスの入所者の七割近くが何らかのかたちで就労している。

④職業紹介

先述したように、プロミスキーパーズは、原則的に自組織内で一定の就業期間を経た後、一般就労が可能だと思われる施設入所者に対して職業紹介をおこなっている。就労先はプロミスキーパーズが直接企業を訪問したり、求人誌でみつけたりすることが多い。また、テレビや新聞などのマスメディアでプロミスキーパーズの活動が取り上げられるようになってからは企業側が直接プロミスキーパーズに求人を出すことも増えた[36]。

3．公金に依存せず大規模な事業展開を可能にするメカニズム

以上の記述から、さまざまな課題や困難を抱えつつもプロミスキーパーズが大規模な事業を展開してきたことがうかがえよう。特筆すべきは、他都市にあるホームレス自立支援施設が施設運営に関わ

る費用の大半を公金に頼る体制であるのに対し、プロミスキーパーズは基本的に自主財源で施設運営をおこなってきたことである。近年においては厚生労働省や法務省の事業を受託するようになったが、こうしたことが可能になったのは、プロミスキーパーズが自主的にエデンハウスや朝日のあたる家を運営し、野宿者に対するトータルサポートを展開していたからにほかならない。

以下ではプロミスキーパーズが自主財源で大規模なホームレス支援を可能にするメカニズムをソーシャル・キャピタル（社会関係資本）の視点を導入し論じる。ロバート・パットナムによれば、「協調的行動を容易にすることにより社会の効率を改善しうる信頼、規範、ネットワークのような社会的組織の特徴」と定義づけられるソーシャル・キャピタルは二つに機能分類できるという。ひとつは同質性を媒介にして集団内の信頼や互酬性を促し結束を強める「結束型ソーシャル・キャピタル（Bonding social capital）」であり、もうひとつが異質性を媒介にして多様なメンバーを結びつける外向的な性質をもつ「橋渡し型ソーシャル・キャピタル（Bridging social capital）」である[37]（Putnum 1993＝2001）。

通常、特定の信仰を共有する社会集団である宗教団体は結束型ソーシャル・キャピタルを形成しやすいと考えられている[38]。結束型ソーシャル・キャピタルは内向きの指向をもち、排他的なアイデンティティと等質な集団を強化する側面がある[39]。したがって、結束型ソーシャル・キャピタルは内集団への強い忠誠心をつくりだすと同時に外集団への敵意をも生み出す可能性がある（Putnum 2000＝2006）。しかし、宗教団体が母体となったＮＰＯは、凝集性の強い宗教的信念・信者が組織の中核を支えつつ、同時に外部に対して開かれた構造を兼ねる場合が多い。パットナムが指摘するように、結束型と橋渡し型はそのソーシャル・キャピタルがどちらかに分けられるといったカテゴリーではなく、ソーシャル・キャピタルのさまざまな形態を比較するときに使える、「よりその傾向が大きい、小さい」(Putnum 2000＝2006:21) という次元のことである。この考えを敷衍するならば、宗教団体が母体となったＮＰＯは結束型と橋渡し型という性格の異なる二つのソーシャル・キャピタルをバランスよく形成しうる存在だといえよう。以下では、このことをプロミスキーパーズの具体的事例を通して確認する。

3-1. 多元的な資源獲得ルート

先述したとおり、プロミスキーパーズは沖縄ベタニヤチャーチというプロテスタント教会が母体となっているため、同教会からの人的・経済的援助が盛んにみられる。プロミスキーパーズには二二人のスタッフがいるが、そのうちの一五人は野宿経験者で、彼らは施設入所者でもある(40)。そして残り七人はひとりを除いて沖縄ベタニヤチャーチの牧師家族および信者である(41)。彼らの多くは有償のスタッフだが、一般的な福祉施設職員と比較すると低い給与水準で労働に従事している(42)。このようにプロミスキーパーズは給与よりも組織の理念を重視する人材を活用することで、少ない人件費でスタッフの確保が可能となっている。また、プロミスキーパーズは沖縄ベタニヤチャーチのほか、沖縄県内外の多くのキリスト教教会(43)から物質的・経済的援助を受けている。

一方、キリスト教と関係のない世俗的な組織との協働も年々増加しており、二〇〇九年度にプロミスキーパーズを支援した企業・団体は二〇〇以上にも及んだ。たとえば食品会社、スーパーマーケット、アメリカ軍[44]、NGO[45]などからは大量の食料支援を、弁護士・司法書士など司法の専門家からは支援困難な施設入所者や野宿者の法的支援を[46]、看護系大学の教員・学生からは無料で健康診断を受けている[47]。また、先述したとおり、二〇〇九年のNPO法人化以降はプロミスキーパーズと国・地方自治体との連携が進んだ。

このようにプロミスキーパーズはヒト・カネ・モノといった資源獲得ルートを多元化するために、教会とは別の支援団体を設立した。

沖縄ベタニヤチャーチの礼拝

また、公的機関との協働を可能にするために、任意団体からNPO法人になった。その結果、プロミスキーパーズはキリスト教関係、民間企業、司法や医療などの専門家、国・地方自治体など、さまざまな機関や人との協働が進み、限られた財源で広範かつ大規模な支援活動を展開することができるようになったのである。

3-2. 支援-被支援関係の溶解と居場所

公設のホームレス自立支援施設では、支援者と被支援者の立場・役割の違いは明確であり、両者の関係性が溶解することはほとんどない。しかし、プロミスキーパーズでは、専従スタッフが慢性的に不足しているということもあり、施設入所当初において被支援者だった人々が支援者へと役割転換することがしばしばある。たとえば、毎週実施されるアウトリーチには施設入所者が積極的に関与しているし、プロミスキーパーズが所有する施設の修繕や改築などの大半は外注せずに施設入所者たちが担っている[48]。また、エデンハウスと朝日のあたる家の統括責任者も施設入所者自身が担っている。以下では支援－被支援関係がいかにして溶解するのかをエデンハウスと朝日のあたる家の統括責任者となった二人のインタビューデータをもとにみていく[49]。

【Ａさん／沖縄県出身／現職：「エデンハウス」寮長／インタビュー当時五九歳】

Ａさんは三五歳のときに家族関係のこじれをきっかけに妻子と別れ、野宿者になり、約一八年間、公園を拠点に暮らしてきた。Ａさんが最も長く生活していた那覇市の奥武山公園では、かつて三〇人ほどの規模の野宿者のグループがあり、共同で生活をしていた。野宿仲間の大半はおもにアルミ缶収集等の雑業で現金収入を得ていたが、Ａさんは賃労働に従事せず、野宿仲間の金銭管理や食事づくりをしていた。Ａさんは奥武山公園ではリーダー的存在で、「公園管理事務所の所長が交代するときには、いつも挨拶に来ていたし、公園を定期的に巡回する警察官も自分のことを頼りにしていた」。Ａさんにとって、気のあう仲間が多くいて、食べ物に困ることがなかった奥武山公園での生活は決して悲壮なものではなく、「親族と一緒にいるより居心地がよく、解放感があった」。

二〇〇五年からプロミスキーパーズが公園にアウトリーチに来るようになったが、当初Aさんは「自分たちのことを乞食のように思っているのではないか」、「興味本位で来ているのではないか」と快く思っていなかった。またAさんは宗教に対する不信感をもっており、キリスト教が母体となったプロミスキーパーズの存在を疎ましく感じていた。しかし、定期的にプロミスキーパーズと接触するなかで徐々にプロミスキーパーズに対する信頼が芽生えるようになった。

同時期、改修工事を理由に奥武山公園からの退去指導が厳しくなり、別の場所に移動しなくてはならない状況に陥っていたところ、Aさんは山内代表に誘われて沖縄ベタニヤチャーチで暮らすようになった。当時、沖縄ベタニヤチャーチには約一五人の野宿者が共同生活をしていたが、Aさんは、奥武山公園での経験を見込まれ、ほどなくして「班長」という役職を任命された。二〇〇八年にエデンハウスができてからは、「寮長」という役職を与えられ、施設の安全管理、入所者の生活管理、入所者同士の人間関係の調整などを担うようになった。

Aさんにとって「寮長としての仕事は奥武山公園での生活とそれほど異なるものはない」が、業務が大幅に増え、自由な時間がはるかに少なくなった。それでも責任のある仕事に従事していることに満足感をおぼえている。

【Nさん／沖縄県出身／現職：「朝日のあたる家」支配人／インタビュー当時五四歳】

Nさんは約一〇年前まで三〇人ほどの社員を雇用する建設会社を経営していたが、取引先とのトラブルがきっかけとなり実刑判決を受け、二年間服役した。それまでＮさんは小学校のＰＴＡや子ども会の会長を歴任するなど、いわゆる「地域の顔役」だった。また、Ｎさんは事件を起こす前、町議として立候補する予定もあったことから、刑務所出所後は「地域にあわせる顔がなく、家には帰るに帰れない状況」だった。そのためＮさんは二〇〇二年頃、那覇市の漫湖公園に仮小屋を建て、アルミ缶などの廃品回収をして暮らすようになった。

当時、Ｎさんは野宿状態にある自分自身を受容することができず、「自暴自棄になって酒を呑んでは、道行く人に絡んだり、絡まれたりで、しょっちゅう喧嘩をしていた」。Ｎさんは野宿者同士で一緒に酒を呑んだときにも、「過去を聞かれたりすると、むかっときて喧嘩をしていた」。Ｎさんはこのように情緒不安定な状態で日々を過ごしていたが、「自分の周囲でホームレスのおじいちゃんを見ると放っておけないなあと思って、金があるときは、弁当を買って渡したりしていた」。またＮさんは、日常的に野宿者に対し、家族のもとに戻るように説得したり、自力で生活保護の申請が困難だと思われる場合には役所に同行して本人の生活状況を代弁したりと、支援団体さながらの活動を個人的におこなっていた。

このような暮らしをしていたときに、Ｎさんはアウトリーチをおこなっていたプロミスキーパーズと出会った。野宿者に対して熱心に安否確認をおこない、食料を提供するプロミスキーパーズの活動に触れて、Ｎさんは「これまで宗教に対する良いイメージがなかったんだけど、良いことをする人たちもいるものだと感心した」。プロミスキーパーズは大量の食料をもっていたが、配布する場所が野宿者の集住地に限られていた。そこでNさんは野宿者が点在する場所にプロミスキーパーズから預かった食料を配布するようになった。こうした活動が継続するなかで、Nさんはプロミスキーパーズとの関係を深めていった。そして以下のような経験がきっかけとなりキリスト教に入信するようになった。

ある日、山内先生が自宅に自分を呼んでくれて、一緒に晩御飯を食べたことがあったんです。そのときに山内先生の奥さんや子供からも親切にされて、すごく感動して。山内先生の娘は年頃の女の子だから、自分みたいな得体の知れないホームレスの人間を見て、汚いとか怖いとか思いそうなもんだけど、みんな身内みたいな感じで接してくれたもんで。信仰が人をこのようにさせるんだ、神様はいるんだって実感がわいたんですよ。

入信後もNさんは公園で暮らしていたが、自転車の転倒事故で負傷し、自活が困難になったことを契機に、沖縄ベタニヤチャーチで寝泊まりするようになった。しかし、Nさんは集団生活になじめず、他の宿泊者と喧嘩をしたことがきっけとなり再び公園で生活するようになった。「酒を浴びるように呑む日々」を送っていたところ、Nさんはアウトリーチに来ていた山内代表からもう一度教会に戻ってくるように説得された。このことに恩義を感じたNさんはプロミスキーパーズが起業した廃油回収の仕事を担当するようになった。Nさんは廃油回収をするかたわら、各地に点在する野宿者の安否確認をするようになり、必要に応じて、エデンハウスへの入所を勧めてきた。そのため、Ｎさんとの出会いをきっかけに数多くの野宿者がエデンハウスや朝日のあたる家に入所した。

Ｎさんは、利他的な性格と人望の厚さがプロミスキーパーズに高く評価され、二〇〇九年に朝日のあたる家の統括責任者である「支配人」として雇用されるようになった。建設会社を営んでいた経験も請われ、朝日のあたる家の改装工事や厚生労働省から委託を受けた遺骨収集事業の現場監督も任されるようになった。

4. 「自立」の葛藤

Ａさんや Ｎさんのように野宿状態から脱却し、プロミスキーパーズの仕事に積極的に関与するなかで、一般就労を目指すに相応しい状態に至る者は少なくない。プロミスキーパーズも施設入所者が「自立」可能な状態になれば退所するよう促している。実際、こうした取り組みの結果、エデンハウスや朝日のあたる家から退所し、「地域生活」に移行する者もいる[51]。その一方で施設を退所し、独力で生活することを逡巡する者も少なくない。本節ではこのことを外在的要因と内在的要因とに分類して考察する。

4-1．外在的要因

プロミスキーパーズの施設入所者が「自立」を逡巡する主要な外在的要因は、「不安定な雇用事情」である。二〇〇九年の統計によれば、沖縄県の有効求人倍率は〇・三二、完全失業率は七・五パーセント、県民所得は人口ひとりあたり約二一〇万円、最低賃金も六二九円となっており、いずれも全国ワーストである。このような不安定な雇用事情が野宿者を生み出す要因になっており、「自立」の足枷にもなっている。実際にエデンハウスの入所者の多くが職を求めているが、彼らが「自立」に見合う雇用条件で雇われることはほとんどない。プロミスキーパーズに集まる求人も大半がパートタイム、季節労働、日雇労働となっている。施設入所者は不安定な雇用のまま「自立」することをリスクの高い行為だと認識している。そのため失業したり、給与が減ったりしても、最低限の衣食住を確保することができるエデンハウスに入所し続けることを望むのである。

以上のことに加えて、プロミスキーパーズ内で就労している施設入所者は重要な職務に従事することが少なくない。そのため、彼らの多くは自分が施設を退所してしまうとプロミスキーパーズの事業に支障をきたしてしまうのではないかと危惧する。こうした危惧は、自分がいることで組織が成り立っているという強い責任感と充実感と表裏一体の関係がみられる。

4-2．内在的要因

一方、施設入所者が「自立」を逡巡する主要な内在的要因は「親密圏[52]を喪失することに対する不安」である。朝日のあたる家の支配人であるＮさんは、このことを次のように説明する。

ここ〔プロミスキーパーズの施設〕を退所して、アパートを借りてヨソの会社で働くことは、よっぽど意志が強くないと無理だと思う。自分もそうですし。ムショ〔刑務所〕帰りだとか、元ホームレスだとか言われるのは目に見えているからね。自分は我慢できるかもしれないけど、それが原因で周囲に迷惑がかかるのが嫌だよね。この前、エデンハウスを退所して、再就職した者がいるんだけど、過去にホームレスをしていたことが会社にわかってしまって、彼はそれに傷ついて辞めてしまったんですよ。彼にしたら周囲の差別的な視線が耐えきれなかったんじゃないかな。ホームレスになったことがある人たちのなかには能力の高い人も結構いるけど、「自立」するのは本当に難しいと思う。自分のスキルが現場で使い物になるのかどうかという不安もそれなりにあるだろうし、再就職したら「以前、どんな仕事をやっていたの？」って話になるじゃない。そのときに自分がちゃんと説明できるのかどうかも不安でしょう。正直に自分の過去を語って、今を堂々と生きることができれば良いんだけれど、そんな簡単なものじゃないですよ。だいたい、みんなホームレスをしていたことに負い目があるから、周囲の人間が気付いていなかったり、気にしていなかったりしても、本人は過剰に意識しちゃうんですよ。ホームレスをしていたことのトラウマが強くって、ちょっとしたことで精神的に押しつぶされてしまうんです。ここ〔プロミスキーパーズの施設〕だと無条件に自分たちの存在が肯定されているのがわかるから安心感があるんです。私自身、ここを出ることは難しいと思っているんです。

プロミスキーパーズの施設入所者のなかには、施設を退所するとこれまで自らの生活を破壊する一因となった悪習慣が戻るのではないかと危惧している。現実にこれまでに「自立」に向けてプロミスキーパーズの施設を退所した者たちが、飲酒やギャンブルなどのアディクションがきっかけで就労が長続きせず、再び野宿状態になった後、再入所するケースは頻繁にある。施設内での集団生活は自由も少なく、プライバシーの確保も十分ではないが、助け合いや思いやりの規範があることから、孤独感や生活の不安が軽減され、飲酒やギャンブルなどの嗜癖行動が生じにくいという。Nさんは次のようにプロミスキーパーズの施設入所者の葛藤を代弁した。

みんな理想としてはエデンハウスを出て、自分でアパートを借りて仕事をして、結婚もしたいと思っています。プロミスキーパーズに助けられたから恩返しをしたいという気持ちもあるんです。でも「自立」する自信がもてない。みんな「自立」することに不安を感じているんですよ。

また、長らく民間企業に従事し、二〇一一年からプロミスキーパーズのスタッフとして働くTさんはエデンハウスからの自立を逡巡する入所者を次のように分析する。[53]

彼らは口では「自立したい」と言うけれど、実際、それほど自立願望は強くないと思います。というのも、最初は集団生活の息苦しさや大変さがありますが、それを乗りこえると案外、集団生活には慣れてきますし、「心地よい」、「安心だ」と感じる人もいるわけです。長年いる人たちはそのような気持ちの人が結構います。結局ここを出ると孤独ですから。

このように彼らはプロミスキーパーズの施設に居続けることを「ベスト」な選択ではないものの、「ベター」な選択だと認識している。現実にエデンハウスには、就職し、家を借りるために必要な貯金がある者でさえ、「自立」を逡巡し、施設生活を継続させている。いずれにせよ重要なのは、施設入所者の多くがプロミスキーパーズとのかかわりのなかで、ほかでは得難い安心感や帰属意識を得ているということである。この傾向はキリスト教の信仰を内面化している施設入所者により顕著にみられる。

プロミスキーパーズは教会が母体となっているものの、あくまでもＮＰＯ法人であるため、宗教活動を積極的におこなっているわけではない。しかし、施設入所者の約二〜三割が自発的に入信し、沖縄ベタニヤチャーチに所属している。彼らの多くは、もともと特定の宗教に帰属意識をもっていた人たちではないが、プロミスキーパーズとのかかわりのなかで、これまでの生活で経験したことのなかったような「寛容さ」や「思いやり」に触れるようになったと語る。現在プロミスキーパーズの主要なスタッフとして働くＳさんは、筆者のインタビューに対し自身の経験を次のように語った(54)。

以前、自分がエデンハウスに入所していたとき、金欲しさに車上強盗して「御用」になったんですよ。それで沖縄刑務所に服役していたんですが、山内先生が面会に来てくれて、「もう一度ウチでやり直そう」って言ってくれたんですよ。自分みたいな身勝手な人間を受け入れてくれることにびっくりしました。山内先生の生き方に憧れて今は牧師を目指しています。今まで自分が生きてきたなかで人の役に立ったことって一度もなかったと思うし、無駄なことばかりやってきやわけですけど、牧師になったら今までの人生は意味のあるものになるのではないかと思っています。

Sさんは薬物依存症であった「過去」をカミングアウトしたうえで、プロミスキーパーズのスタッフとして働いている。また、牧師になることを目指して神学校に通いながら沖縄ベタニヤチャーチの活動にも積極的に参与している。

プロミスキーパーズの活動のなかで、多くの入信者が生み出される背景には山内代表の生活史が大きく影響している。山内代表は過去に会社経営に失敗し、多額の負債を抱え、経済的にも精神的にも失意の底にある状態から信仰によって立ち直った「過去」がある。そのことを折に触れ施設入所者たちに語っているのである。山内代表は自身が施設入所者たちと身近な存在であることを呈示しつつ、信仰による自己変革の可能性をアピールする。自分の負の経験を包み隠さず語る山内代表の存在は施設入所者に共感を呼び起こし、一部の者たちにとっては強力なロールモデルになっていると考えられる。このようにプロミスキーパーズは支援する側もされる側も「大きな痛みの経験者」という共通項をもっており、それが親密性の源泉となっていると推察することができる。[55]

まとめにかえて

本章は公的なホームレス支援が乏しい地方都市におけるＦＲＯの活動事例として「ＮＰＯ法人プロミスキーパーズ」を取り上げ、①ホームレス支援に至る経緯、②ホームレス支援の方法、③持続的なホームレス支援を可能にするソーシャル・キャピタルの形成パターンをみてきた。これらを通じて明らかになったのは、公設の自立支援施設とは異なるＦＲＯに特徴的な包摂のメカニズムであった。

岩田正美は野宿者を「住宅を介して繰り広げられる地域住民としての、また特定の職場に帰属する職業人としての、あるいは家族の一員としての、ある具体的な社会集団への帰属」（岩田 2000:27–28）を喪失した存在だと論じている。こうした存在様式は沖縄の野宿者にも当てはまるが、プロミスキーパーズの施設入所者のなかには組織内で自分の役割や目標を見出し、一定の帰属意識をもつようになっていることがフィールドリサーチから明らかになった。

これまでの人生のなかで他者から信頼を得る機会が少なかったり、他者の期待を裏切ったりしてきたと自認する者たちにとって、プロミスキーパーズのスタッフとして働くことは、自らの尊厳を回復するうえでも重要な意味をもつと考えられている。そして、支援－被支援関係が溶解した人格的な交わりのなかで、施設入所者の多くはプロミスキーパーズに居場所を見出しているといえるだろう。

　公設の自立支援施設では、施設入所者は定められた期間内に退所しなければならない。一方、入所期限を厳密に適用しないプロミスキーパーズでは、施設入所者たちが退所を積極的に希望せず、「自立」を逡巡するケースが散見された。鈴木忠義は野宿者が自らの技能を発揮したり役割を遂行したりする場所としての親密圏を見出しがたい状態におかれやすいことを指摘し、所得と住居を確保するだけでなく、自分を必要とする場と相手（人）を地域のなかでつくりだすことが重要であると論じている（鈴木 2004）。この指摘は極めて重要だが、実現は容易ではない。本章の事例では、「自分を必要とする場と相手（人）」は地域のなかではなく、むしろプロミスキーパーズに強く内在していることがわかった。このように「親密圏の回復」がホームレス支援団体の外部（地域社会）ではなく、内部においてみられるとき、施設入所者が増え続けることは不可避である。このメカニズムを維持していくかぎり、プロミスキーパーズはコミューンのような様相を呈し、政府が想定する「自立」観とのズレが大きくなりかねない。とはいえ、プロミスキーパーズの取り組みは一般就労をゴールとする脆弱な「自立」モデルのオルタナティブとして注目に値するものといえるだろう。

終章

これまで本書ではおもにホームレス支援に関わる複数のＦＲＯ（プロテスタント教会を含む）の事例から現代日本の宗教の社会参加のありようをみてきた。序章で述べたとおり、近年、「宗教の社会貢献」という研究視角が注目を集めるようになっているが、筆者はこれに対し、二つの点から再考を迫った。

1．ＦＲＯという視座の強み

ひとつは「宗教の社会貢献」という研究視角において用いられている宗教という概念の曖昧さである。稲場圭信は「宗教の社会貢献」の定義において、宗教を「宗教団体・宗教者、あるいは宗教と関連する文化」（稲場 2009:40）と捉えているが、筆者は具体的に事例を比較検討する際には組織面に着目した分析視角が必要だと主張した。そこで新たに提示したのがＦＲＯ（Faith-Related Organization）

という概念である。FROという概念は十分に定着した概念ではなく、欧米ではFBO（Faith-Based Organization）という概念が流通している。しかし、現代の日本では社会福祉や公共政策の領域における宗教のプレゼンスが欧米のように大きくないことを鑑み、あえてFROという概念を本書で使用することにした。

従来、宗教と呼ばれてきたものをFROと言い換えるだけでは意味がない。そこでは本書においては、ソーシャル・サービスをおこなう組織とプログラムにおける宗教的特徴を類型化したアンルーとサイダーのモデルを援用しながらFROという概念が包含する範囲を説明にした。それによって、FROと信仰の関係にグラデーションがあること、そしてFROが公的機関と協働関係を結ぶ場合があることを示すことができた。

本書の理論面での最大の貢献はFROの社会活動・福祉活動のパターンを四象限モデル（図表序-2）で説明したところにあるだろう。「宗教活動への関与」と「公的機関との協働」という二つの変数を用いた四象限モデルを用いることによって、FROの社会活動・福祉活動を動態的に捉えることができるようになった。

序章「「宗教の社会貢献」を問い直す――FROという概念を用いた考察」では戦前・戦中においてⅠ型であったFROが、戦後のGHQの政策によってⅣ型へ移行するプロセスを捉えた。そしてⅣ型へ移行したFROは独自の活動が制限されるようになり、その固有のプレゼンスを停滞させていったことを述べた。一方、本書では福祉国家の見直しが進み、福祉サービスの供給の多元化が進む近年、

ＦＲＯを取り巻く状況に大きな変化が生まれていることに着目した。従来の福祉サービスの供給者は原則的に地方自治体や社会福祉法人に限られてきたが、一九九八年の社会福祉基礎構造改革以降、新たに民間営利団体や民間非営利団体が社会福祉分野に参入するようになった。こうした動きのなかの一部にＦＲＯが参入している。以上のことからⅣ型のＦＲＯは現代日本の公共領域における宗教の社会参加を把握するうえできわめて重要な対象だといえよう。

2.「社会貢献」の限界

本書は日本のホームレス支援の先行研究においてＦＲＯが等閑視されていることを指摘した。また、ホームレス支援にみられる善意や共感をアプリオリに捉えるのではなく、それらの源泉となる信念や規範を明らかにすることの重要性を強調した。そして「どのような主体が、いかなる信念のもと、何を目指してホームレス支援をおこなっているのか」を分析するために複数のＦＲＯ（プロテスタント教会を含む）の事例を本書で取り上げた。その際、筆者はホームレス支援をおこなうＦＲＯの取り組みを「社会貢献」とは呼んでいない。ここに「宗教の社会貢献」という研究視角の再考を迫ったもうひとつのポイントがある。

ＦＲＯのホームレス支援は、支援される当事者にとっては有益なものかもしれないが、公共空間において野宿者の存在を可視化させたくない政府や、野宿者との接触を望まない地域住民にとっては有益なものとはみなされにくい。このように利害関係者間のコンフリクトが大きい事象において「社会貢献」という概念の使用は適さない。また、FROの取り組みを「社会貢献」として捉える場合、布教・伝道をはじめとする宗教活動の評価が非常に難しくなる。そのため「宗教の社会貢献」とみなされるのは、筆者が考案したFROの四象限モデルにおいてはⅢ型とⅣ型に限定されやすくなることを本書で指摘した。

本書ではⅡ型のFROによるホームレス支援が一定の役割を果たしてきたことを具体的な事例（救世軍西成小隊、韓国系プロテスタント教会など）から確認してきた。また、対象との相互作用のなかでⅡ型からⅢ型へと組織形態を変容させたFROの事例（釜ヶ崎キリスト教協友会）や、資源を多元化するためにⅡ型からⅣ型へと組織形態を変容させたFROの事例（NPO法人プロミスキーパーズ）をみてきた。これらのフィールドワークから得た知見に基づき、筆者はFROの実践を包括的に把握するためには「社会貢献」ではなく、「社会活動・福祉活動」という概念を用いることが重要だと論じた。

本書で扱ってきたFROの事例のなかには「社会貢献」とみなしうるものがある一方で、その範疇には入りにくいものもあった。社会福祉的な観点からすれば、「どのFROの実践がソーシャルワークに近いか」といったことが、また社会政策的な観点からすれば、「どのFROが行政のパートナーとして相応しいか」といったことが重要になってこよう。しかし、本書ではこうした観点はいったん棚上げし、「どのような主体が、いかなる信念のもと、何を目指してホームレス支援をおこなっているのか」を明らかにすることに徹した。なぜなら宗教の固有価値と一般社会における効用価値との

「間」を捉えることが社会学的に重要だと考えたからだ。また、効用価値にばかり目を向けてしまうと、宗教に特徴的な救済のダイナミズムを見過ごすことになりかねないと危惧したからだ。

3.「場」の保障だけでは脱野宿は果たせない

社会福祉学的な観点からホームレス支援を考察した後藤広史は「支援的機能を伴った場」が「親密な人間関係の形成」や「自尊感情の回復」をもたらし、こうした「場」を保障することがホームレス状態からの「実質的な脱却」の実現につながると論じている（後藤 2013）。この指摘はホームレス支援を考えるうえで非常に示唆に富んでいるが、筆者がおこなった調査においては、「場」の保障だけではホームレス状態からの「実質的な脱却」に必ずしもつながらないことが明らかになった。

本書で取り上げたあいりん地域の「布教型キリスト教」や東京都心部の韓国系プロテスタント教会は、いずれもⅡ型のＦＲＯに位置づけられるものであり、「親密な人間関係の形成」や「自尊感情の回復」をもたらす「場」としての機能を一定程度、果たしていると考えられる。しかし、ホームレス状態からの「実質的な脱却」に積極的な役割を果たしてきたとは言い難い。これらのＦＲＯは程度の差こそあれ、基本的には脱野宿より信者形成を重視する。よって地方自治体やホームレス支援をおこなう世俗的なＮＰＯとⅡ型のＦＲＯが協働する契機はみられなかった。

一方、沖縄の「ＮＰＯ法人プロミスキーパーズ」はホームレス支援を継続するなかで、Ⅱ型からⅣ

型へと活動パターンを変化させた。当初、「沖縄ベタニヤチャーチ」という教会の活動の一環としておこなっていたホームレス支援は、規模の拡大にともないNPO法人の事業として独立した。沖縄は、あいりん地域や東京都心部と異なり、地方自治体のホームレス対策が乏しく、ホームレス支援団体もほとんど存在しない。地方都市において一般的にみられるこうした支援資源の圧倒的な不足が背景となり、沖縄ベタニヤチャーチはNPO法人化せざるをえなくなったともいえる。結果的にプロミスキーパーズは、Ⅱ型のFROを出発点としながらも、Ⅳ型のFROへと移行し、今日では沖縄の行政機関がホームレス対策において最も重要視するパートナーとなっている。

プロミスキーパーズの事例が示唆するようにFROは四象限モデルの類型間を移動する可能性をもつものだが、それは内在的な要因だけでなく、外在的な要因にも規定されているといえるだろう。すなわち、FROが埋め込まれた地域社会のローカルコンテクストにも着目し、「場」がそれを取り巻く社会環境とどのように相互作用するのか把握することが重要であるといえよう。こうした着眼が「宗教と社会の関係」あるいは「宗教と福祉の関係」を具体的なフィールドから理解する大きな手がかりになると筆者は考えている。

4. FROのホームレス支援の強みと弱み

本書ではFROの組織的特徴を論じるだけでなく、野宿者がそれらとどのように関係しているのかを参与観察やインタビューといった質的調査から明らかにしていった。ホームレス支援をおこなうFROや社会運動団体が多数存在するあいりん地域では、多くの野宿者が各組織の理念の相違に拘泥することなく、提供されるサービスを享受していることがわかった。あいりん地域の「運動型キリスト教」と「布教型キリスト教」は没交渉といっても過言ではないほど関係が断絶しているが、野宿者たちは自らの生存のために両者が提供するサービスを融通無碍に利用する。こうした行為に野宿者たちの生活知を確認することができた。

その一方で、「救世軍西成小隊」をインテンシブに調査してみると、信仰を受容し、組織に強い帰属意識をもつ野宿者たちが少なからず存在することがわかった。こうした特徴はあいりん地域に限らず、東京都心部においても、沖縄においても確認することができた。すべてに共通していたのは、いずれのFROにおいても野宿者たちを積極的に受容し、必要に応じて彼らに社会的役割を提供していたことだ。

岩田正美は野宿者を具体的な社会集団への帰属を喪失した集団であると論じる（岩田 2000）。また、奥田知志は野宿者を「物理的困窮＝ハウスレス」と「関係性の困窮＝ホームレス」をあわせもった存在であると捉え、ホームレス支援においては住居の提供をはじめとする物理的支援だけでは十分ではなく、関係性を回復すること＝ホームの回復が重要だと論じている（山崎・奥田・稲月・藤村・森松 2006）。これらの論点を考慮し、本書で扱った事例を振り返るならば、多くのFROは野宿者たちに物理的支援をおこないつつ関係性の回復においても一定の役割を果たしてきたと考えられる。その一方でＦＲＯが提供する支援に偏りがあったり、ＦＲＯ以外に帰属場所を構築できないケースがあったりと、限界も多くみられた。

5. 結語

本書で扱うことのできた対象は限定的であり、事例も決して多いとはいえない。したがって、本書の内容は日本のＦＲＯを取り巻く状況を網羅的に捉えるものにはなっていない。しかしながら、ホームレス支援におけるＦＲＯの社会的な位置や役割については、かなり可視化することができたのではないだろうか。

ホームレス支援に限らず、日本では宗教の社会参加の機運は今後ますます高まることが予想されるが、ＦＲＯという概念を用いることでそれらを広域的かつ動態的に捉えることができるだろう。日本におけるＦＲＯの研究は緒についたばかりである。今後、さまざまな対象を扱ったＦＲＯ研究が進み、「宗教と社会」および「宗教と福祉」の関係を捉える視座が豊かになることを期待している。

註

序章

（1） 二〇〇八年に実施された庭野平和財団による調査「宗教団体の社会貢献活動に関する調査」によると、「宗教団体の社会貢献活動」に関する認知は三四・八％にとどまっている。なお、この調査は、無作為に抽出された四〇〇〇人の調査対象者のうち、有効回答者の一二三三人に対し、調査員が個別面接調査をしたものである。宗教の社会貢献活動に関する関心が低い要因として、稲場は日本では宗教がソーシャル・キャピタルとして機能するコンテクストが弱いことを指摘している（稲場 2009）。

（2） とりわけアメリカ合衆国では、一九九六年のチャリタブル・チョイス制度導入以降、宗教団体が政府の福祉サービスを請け負うことができるようになるなど、宗教の公共領域への進出状況はドラスティックに変容している。こうした動向については堀内一史の研究を参照されたい（堀内 2008）。

（3） 櫻井は『社会貢献する宗教』の序文で、一九九五年のオウム真理教事件や二〇〇一年の九・一一事件以降、カルト、ファンダメンタリズムという言葉が、宗教の暴力や過激さを象徴するものとしてマスメディアによって喧伝されたことにより、一般市民が現代の宗教一般に接すること、巻き込まれることを忌避する傾向にあることを指摘している（櫻井 2009）。

（4） ①と②は宗教活動をおこなうことから、その実践は他の世俗的組織と異なる性格をもっていると考えられる。

（5） 古代から近代にかけての動向については吉田久一の『新・日本社会事業の歴史』を参照されたい（吉田 2004）。

（6） 近年になって戦前と戦後の双方を見通す研究がキリスト教社会福祉および仏教社会福祉の分野において進められてきているが、未だ萌芽的段階であるといえよう（日本キリスト教社会福祉学会編 2014; 日本仏教社会福祉学会編 2014）。

（7） 室田は民間の事業体の担い手を「心ある宗教者や篤志家」と呼んでいる（室田 2003）。

（8） 児童保護、保育事業、養老事業、障害児施設、感化事業、セツルメント事業、医療事業、更生保護事業など、多岐にわたる分野で外国人宣教師を含めた聖職者や熱心な信仰者の活躍が目立つ。代表的なF

ＲＯに石井十次によって設立された「岡山孤児院」、小橋勝之助によって設立された「博愛社」、石井亮一によって設立された「滝乃川学園」、山室軍平によって設立された「救世軍」、野口幽香らによって設立された「二葉幼稚園」、キリスト教社会主義の立場から片山潜によって設立された「キングスレー館」、アメリカの宣教師アリス・アダムスによって設立された「岡山博愛会」、留岡幸助によって設立された「家庭学校」などがある。

（9） 室田は、多くの先駆的な施設の創設が西洋近代に明るいキリスト者によってなされた背景として、キリスト教ヒューマニズムに基づく新しい慈善思想が家や共同体的隣保相扶の概念とは相違していたことを指摘している（室田 2003）。

（10） 戦後から高度経済成長期にかけて福祉六法（生活保護法、児童福祉法、身体障害者福祉法、知的障害者福祉法、老人福祉法、母子及び寡婦福祉法）が整備され、社会福祉の対象が明確化された。

（11） 日本国憲法の八九条では、公の支配に属しない慈善、教育もしくは博愛の事業に対して公金その他の公の財産を支出することを禁じているが、公的統制の下におかれた社会福祉事業への補助を禁止しているわけではない。社会福祉事業法は八九条規定との整合性を確立させるため、「公の支配に属する」という規定を設け、公費支出の法的根拠を設定した（右田 1986）。

（12） たとえば、社会福祉事業法が成立する前の救世軍は宗教活動と社会事業が一体となっていたが、社会福祉事業法成立後、宗教活動は小隊（各々の教会のことを意味する）を中心とする宗教法人でおこなわれ、福祉事業は施設を中心とする社会福祉法人でおこなわれるようになり、両者が組織的に分離するようになった。なお、救世軍は前者を言葉で伝える「直接的伝道」、後者を行為で伝える「婉曲的伝道」と位置づけている。

（13） 高度経済成長期の一九六〇年代、「福祉国家」は国家の政策課題であった。しかし一九七三年のオイルショックを契機に財政危機に陥り、福祉国家の政策的根幹である「社会保障」と「完全雇用」が立ち行かなくなった。このことを背景に「福祉見直し」論が唱えられるようになった。福祉への国家負担を減らすため個人の自立・自助を強調しながら、福祉の対象を「真に救済を必要とする者」に限定する選別主義や民間活力を動員することで行政の役割の縮減を目指し、福祉サービス供給主体の多元化が図られてきた。

(14) 杉岡直人によれば、福祉多元主義の考え方はプライバタイゼーション(私化)とディセントラリゼーション(分権化)および国家財政の縮小化にともなう「小さな政府」の実現という政策路線と連動しており、各国における民営化を推進した(杉岡 1995)。この代表例がサッチャー政権やレーガン政権の新自由主義による福祉政策だといえる。

(15) 木原克信によれば日本では「社会福祉基礎構造改革」によるフレームワークの転換によって、従来の福祉活動の有り様がドラスティックに変化し、利用者が事業所を自己決定することができる介護保険サービスの領域において宗教団体の参入状況がみられるという(木原 2007)。

(16) 典型的なものとしてエスニック・マイノリティ支援、日雇労働者支援、ホームレス支援などが挙げられる。

(17) 岸本は「神の栄光とか、教団の権威とかいうような考え方が、他の人々に改宗を強制する原動力になる場合もある」(岸本 1961:59)と指摘している。

(18) 宗教集団の社会活動を内容面から分類したものとしては大谷栄一の研究がある。大谷は宗教集団の社会活動を「サービス系」(社会福祉、ボランティア、人道支援、イベントなど)、「アクティビズム系」(政治活動、社会運動、平和運動など)、「ダイアローグ系」(宗教間対話、国際・国内会議、国際交流など)の三つに分類している(大谷 2009)。

(19) 櫻井義秀は「拡大期の宗教では、教えを広めた実績=宗教組織内の地位上昇=救済の実感・実証という回路が信者の間にできあがり、布教それ自体が信仰生活とみなされることすらある」(櫻井 2009:21–22)と論じている。

(20) 金菱清と大澤史伸の共著『反福祉論——新時代のセーフティネットを求めて』で取り上げられた「カナン・キリスト教会」(横浜市寿町)の事例を参照されたい(金菱・大澤 2014)。

(21) 稲場圭信は、宗教が与える世界観と信仰というバックボーンが個々の信者の精神的な支えになって宗教の社会貢献活動が展開されるため、「宗教的世界観を共有したいメンバーたちによって構成される活動は、宗教的世界観を共有しない人には奇異に感じられ、閉鎖的だと捉えられる可能性がある」(稲場 2009:48)と論じている。

(22) 前者はリベラルな信仰をもつプロテスタント教会やカトリック教会において多くみられ、後者は「陰徳」を重視する新宗教教団において多くみられる。

(23) 特定の信仰を背景にもつ社会福祉法人の多くは、

法人化してからの経年が進んでいるところが多く、設立当初の理念が変形・形骸化し、今日においては宗教的性格が希薄なところが少なくない。一方、NPO法人の場合は、法人化してからの経年がさほど進んでいないために、宗教的性格を色濃くもつところが多いと考えられる。

(24) Ⅳ型のFROは、財政的に自立できない場合、政府・地方自治体の「下請け機関」となるリスクを胚胎する。

(25) 阪神大震災の被災地支援に携わったキリスト教系新宗教教団を調査した渡邊太は、宗教的装いのもとでの心のケアの実践が、被災者の拒否や抵抗に直面し、そのアプローチに変更が生じた事例を取り上げている（渡邊 2001）。

(26) 僧侶の竹中彰元は日中戦争時に反戦発言をしたことで禁固刑を受け、所属する真宗大谷派から布教師の資格を剥奪されたが、地元の人々や多くの宗教者の運動により、二〇〇七年に処分が撤回され、本人の名誉が回復した（大谷 2012）。竹中彰元の戦中と戦後の評価の相違は「社会貢献」という概念が文脈依存性を強くもつことを象徴している。なお、宗教の戦争協力に関しては小川原正道の研究に詳しい（小川原 2010; 2014）。

(27) ランジャナ・ムコパディヤーヤは著書『日本の社会参加仏教』で法音寺と立正佼成会をとりあげ、それらが戦後日本の公的場においてどのような姿勢で社会活動を実践しているのかを明らかにした（ムコパディヤーヤ 2005）。

(28) 井上順孝は、「社会貢献しようと思っても、布教の一環としてとらえられてしまうのではないか」、「布教という要素を一切抜いての社会貢献というものは必要なのか」という悩みを宗教者や宗教団体が抱きがちであることを指摘している（井上 2013）。

(29) ホスピスをはじめとするスピリチュアル・ケアの臨床現場が典型例といえるだろう。

(30) 板井正斉は現代神道の研究動向を振り返るなかで、福祉と社会貢献が曖昧に論じられてきたことを指摘している。板井は「両者が親和性を高く持ちながら融合されていったとはいえ、研究を深化させる中で、いつまでも『福祉≒社会貢献』という課題設定には無理がある」（板井 2011:29）とし、「研究成果を、より実践応用レベルに近づければ近づけるほど、福祉と社会貢献の整理・峻別は現実的な作業である」（板井 2011:29）と述べている。こうした視点は筆者の問題意識と符合している。

(31) 一九九〇年代以降のイギリスの都市ガバナンスに

おけるFaith Based Sectorと世俗的なVoluntary and Community Sectorを比較したレイチェル・チャップマンによれば、両者はいずれも、市民の福祉とより良いガバナンスを追求して社会的、経済的、文化的目標を促進しようとするサードセクターであり、価値に突き動かされた動機（value-driven motivation）を保持している点でかなり近似していると述べている（Chapman 2009）。一方、ベイカーとスキナーはキリスト教団体の社会貢献活動の分析から、それらが世俗的な組織と大部分で共通しつつも、人物の更生や市民社会に対して「神の働きがある」と信じている点が異なっていると論じている（Baker and Skinner 2006）。

第一章

（1）欧米社会ではホームレスという用語が野宿者を含む不安定居住層全般を指し示すのに対し（広義のホームレス概念）、日本ではホームレスという用語が野宿者のみを指し示す（狭義のホームレス概念）。両者の混同を防ぐため、本章では日本における路上生活者や公園等にテントや小屋を設置して暮らす人々を野宿者と呼ぶ。なお、法律などにホームレスという語があてられているものについては、そのままホームレスと記載する。

（2）二〇一二年におこなわれた厚生労働省の調査によれば、野宿者の平均年齢は五九・三歳である（厚生労働省 2012）。

（3）女性の野宿者の詳細については丸山里美の研究を参照されたい（丸山 2013）。なお、二〇一二年におこなわれた厚生労働省の調査では、九五七六人の野宿者のうち、女性は三〇七人しか確認されていない。

（4）ホームレス自立支援法の条項の詳細は巻末の資料を参照されたい。

（5）厚生労働省は二〇〇三年七月、「居住地がないことや稼働能力があることのみをもって保護の要件に欠けるものではない」とし、野宿者が生活保護を受ける際に、住居を確保できるように敷金を支給する旨を通達した。このことによって生活保護を申請する野宿者が著しく増えた。

（6）必ずしも意図的に野宿者が社会生活を拒否しているわけではなく、精神的な疾病や施設の不十分な処遇などによって、政府・地方自治体が用意する支援ルートに適応困難となるケースが多い。

（7）二〇〇二年度・厚生労働省および社会福祉・医療事業団の研究助成事業として実施された「社会的排除と包摂に関する基礎研究」の一環として二〇〇三

年の一月に「福祉意識と社会的公正に関する調査」がおこなわれた。

(8) 野宿者の襲撃について生田武の著書に詳しい(生田 2005)。

(9) 二〇一四年八月一四日 朝日新聞夕刊。

(10) 二〇〇八年から現在をさす後半期は「派遣村」以降、申請同行支援を背景にして「稼動年齢層」にも生活保護利用が進んだと山北は指摘している(山北 2014)。

(11) 稲場圭信はアメリカ合衆国において、宗教団体を母体とした社会福祉サービスは七〇〇〇万人を支援し、その金額が二兆円を超えることを指摘している(稲場 2011)。

(12) ホームレス状態におかれた人々の権利擁護と自立支援に取り組む全国組織で二〇〇九年に結成された。調査研究事業、伴走型支援をおこなう人材の育成、ホームレス対策に関する施策提言などをおこなっている。

(13) ホームレス支援全国ネットワークに加盟するFROの大多数はキリスト教を母体としている。なかでも「NPO法人山友会」(東京都台東区)、「NPO法人市川ガンバの会」(千葉県市川市)、「NPO法人抱樸」(福岡県北九州市)、「NPO法人プロミスキーパーズ」(沖縄県那覇市)は大規模なホームレス支援を展開しており、各自治体の重要なパートナーにもなっている。

(14) 例外的なものとして渡辺芳の研究を挙げることができる。渡辺は東京の寄せ場「山谷」で活動する複数のFROの質的調査を実施し、そこで活動する人々の意識と実践内容を分析している(渡辺 2010)。

(15) これらの大半は一九六〇年代の後半から一九七〇年代にかけて生起した寄せ場における日雇労働者と労働運動に直接・間接的に関係がある。民間の「世俗的な支援団体」は炊き出し、夜回り、福祉相談、行政交渉、情宣活動といった多様なアプローチで野宿者の権利擁護を志向している。また、それらの多くは、盆と正月に祭りを開催するなど、故郷を喪失した野宿者の年中行事に深く関わっている。代表的な野宿者の祭りに大阪市西成区にある萩之茶屋南公園(通称:三角公園)の「釜ヶ崎夏祭り・越冬闘争」、大阪市東住吉区にある長居公園の「大輪祭り」、大阪市北区にある扇町公園の「大阪キタ夏祭り・越冬祭り」、東京都新宿区にある新宿中央公園の「新宿夏祭り」、東京都渋谷区にある宮下公園の「のじれん夏祭り」、東京都台東区にある玉姫公園の「山谷夏祭り」、横浜市中区にある寿労働センター前の

「寿夏祭り」などがある。

（16）有効回答数は三年分の総数で八六三六である。寺沢は複数の年度のデータを合体する理由として「日本では、宗教属性を回答する回答者が少ないため、全国データの分析を行う場合には、合体させて分析結果を安定させる必要がある」（寺沢 2013:131–132）ことを指摘している。

（17）寺沢は「仏教（個人）」、「仏教（家）」、「キリスト教」、「新宗教（創価学会以外）」、「創価学会」、「その他」という宗教属性のうち、「キリスト教」が最もボランタリー組織への所属との関連性が強いことを指摘している（寺沢 2013）。

（18）三谷は特に祈りや加護観念がボランティア行動を強く規定していると指摘している。また、祈りや加護観念は現在の社会経済的な地位によって規定されているというよりは、ジェンダーや年齢に規定され、親によって社会化されることを明らかにしている（三谷 2014）。

（19）新宗教教団と既成仏教教団・寺院が組織的にホームレス支援に携わることは現在のところ確認できていないが、新宗教教団の教師・信者や既成仏教の僧侶がホームレス支援に参与することはある。二〇〇三年に金光教羽曳野教会教師の渡辺順一が中心となり、「野宿者問題を考える宗教者連絡会」（通称、soul in 釜ヶ崎）が発足し、大阪を中心に講演会、学習会、ボランティア活動の参加などをおこなっている。同会には新宗教教団の教師・信者、既成仏教教団の僧侶、カトリックの司祭、宗教研究者などが関与している（soul in 釜ヶ崎編 2008）。一方、東京では二〇〇九年に原尚午や吉水岳彦らの浄土宗僧侶たちが中心となり、「社会慈業委員会」（通称、ひとさじの会）が発足した。既存の野宿者支援団体と協働しながら、主に野宿者への炊き出し、夜回り、葬送支援をおこなっている。

第二章

（1）釜ヶ崎暴動の詳細については地理学者の原口剛の論考を参照されたい（原口 2011a）。

（2）あいりん地域における家族世帯の地域外移転の詳細については原口剛の論考を参照されたい（原口 2010）。

（3）大阪市における野宿者数は一九九八年に八六六〇人を数えたが、二〇一二年には二一七九人にまで減少した。

（4）原口剛はホームレスの自立支援対策の始動が、単なる野宿者の増加によるものではなく、反失業闘争をはじめとする一連の運動の成果だと分析している（原口 2011b）。

（5）二〇〇九年三月に「職や住まいを失った方々への支援の徹底について」と題した厚生労働省社会援護局保護課長通知が出され、現在地保護の徹底、住居がないことを理由に保護申請を却下できない、稼働能力があることをもって保護の要件を欠くものではないことなどが確認された。このことがあいりん地域おける生活保護受給者の急増につながっている。

（6）近年、ホームレス支援の現場では、野宿者のなかに障害を有するケースが非常に多いことが指摘されている。二〇一〇年四月二〇日の読売新聞大阪の朝刊記事は、北九州ホームレス自立支援センターにおいて、センター開設から二〇〇九年六月までの約五年間で、四九二人の利用者のうち一四〇人が療育手帳を取得したことを報じている。

（7）労災相談、職業紹介、職業訓練等を実施する「財団法人西成労働福祉センター」と失業保険を給付する窓口の「あいりん公共職業安定所」がある。なお、「あいりん公共職業安定所」は他の職安とは異なり、職業紹介をせず、もっぱら失業保険の給付をおこなっている。

（8）あいりん地域越年対策補助事業。年末年始に仕事が得られないあいりん地域の日雇労働者のため、大阪市の南港に仮設の臨時宿泊施設を設け緊急援護対策を実施している。同宿泊施設の宿泊人数はホームレスの減少にともなって、年々減少傾向にある。二〇〇八年の宿泊人数が一三二四人であったのに対し、二〇一一年の宿泊人数は四九二人にとどまった。

（9）社会福祉法人大阪社会医療センター付属病院があいりん地域において無料低額診療事業を展開している。あいりん地域における医療の近況および大阪社会医療センター付属病院の詳細については、奥村晴彦の論考を参照されたい（奥村 2011）。

（10）大阪市立更生相談所が、あいりん地域における住所不定者の相談窓口となっている。従来、大阪市立更生相談所が生活保護制度を用いて生活困窮者の保護を実施する場合、病院や生活保護施設等での「施設保護」が中心であったが、二〇〇三年以降、アパートでの「居宅保護」が増加した。なお、あいりん地域内に在住する者であっても、安定的な住居を所有する者が福祉相談をする際、公式的な窓口は西成区役所（西成区保健福祉センター）となっている。

（11）社会福祉法人大阪自彊館が運営する短期入所施設「三徳生活ケアセンター」、とＮＰＯ法人釜ヶ崎支援機構があいりん地域内で運営する「あいりん臨時夜間緊急避難所」（通称、夜間シェルター）がある。

(12) ＮＰＯ法人釜ヶ崎支援機構が運営する「生活道路環境美化事業」や「高齢日雇労働者等除草等事業」がある。

(13) あいりん地域における対抗文化を象徴的に示すものとして一九七〇年にはじまった「釜ヶ崎越冬闘争」と一九七一年にはじまった「釜ヶ崎夏祭り」がある。

(14) 日雇労働者の高齢化と慢性的な失業状態に対応するために、あいりん地域において社会運動団体が行政との粘り強い交渉をおこない、公民協働の事業が展開されるようになった。その典型的な施策が高齢日雇労働者のための就労対策「高齢者特別清掃事業」（一九九四年〜）と宿泊対策「あいりん臨時緊急夜間避難所」（二〇〇〇年〜）である。

(15) 釜ヶ崎炊き出しの会は毎日昼前と夕方にあいりん地域の中心部にある萩之茶屋中公園（通称、四角公園）で炊き出しをおこなっている。

(16) ホームレスの安否確認のために夜間にアウトリーチをする団体として一九九六年に設立された「木曜夜まわりの会」、一九九七年に設立された「野宿者ネットワーク」がある。また、炊き出しを実施する団体として一九九二年に設立された「釜ヶ崎高齢日雇労働者の仕事と権利を勝ち取る会」（通称、勝ち取る会）がある。あいりん地域に暮らす人々の権利擁護を担う団体として一九九三年に設立された「釜ヶ崎医療連絡会議」がある。

(17) あいりん地域の中心部に佛現寺という浄土真宗の寺があったが、一九七〇年前後に西成区松に移転している。この移転についても四恩学園と同様、あいりん地域が日雇労働者の町へ純化していく過程の一環として捉えることができる。

(18) 二〇一三年五月四日に天理教萩野分教会長に実施したインタビューより。なお、このインタビューは宮本要太郎が代表を務める科学研究費助成事業「無縁社会における宗教の可能性についての調査研究」（二〇一一年四月〜二〇一四年三月）の一環として金子昭らと共同で実施したものである。

(19) 昭和五〇（一九七五）年二月一日付の天理教大阪教区機関誌『赤心』より。

(20) 貧しい住民の住む地区に診療所・託児所などを設け、住民の生活向上のために助力する社会活動のことを「セツルメント（活動）」という。

(21) 貧しい人たちと共生を目指す「エマウス運動」から生まれた生活共同体運動。エマウス運動はフランスが発祥だが、世界的な広がりをもつ。暁光会大阪支部は、一九五八年にあいりん地域に隣接する西成区津守東（現在の北津守）で活動を開始し、廃品回収業を収入源とする生活共同体を現在に至るまで運営している。

(22) 釜ヶ崎キリスト教協友会は複数の団体によって構成されており、それぞれが「アルコール依存症者のためのデイケアセンター」、「児童教育」、「宿泊施設」、「談話室」、「生活相談」などの独自性をもった活動を展開している。

(23) 本田哲郎は「抑圧され、貧しく小さくされている人々」と連帯するために以下の四つのステップがあると述べている。①痛みの共感から救援活動へ、②救援活動の行きづまりから構造悪の認識へ――怒りの体験、③社会的・政治的行動へ――構造悪と闘う貧しい人たちの力、④単純な「弱者賛美」から真の連帯へ（本田 2006）。

(24) 小柳伸顕は「寄せ場のキリスト者たち――その歩みと課題」と題した論文で、日雇労働者や野宿者の支援に携わるキリスト者の姿を描写したが、そこでは、布教活動をせずに、日雇労働者の福祉を整備し、権利を擁護する活動に尽力するキリスト者たちの活動にのみ焦点が当てられている（小柳 1991）。

(25) 本章では、「救霊」を志向するという理由から、救世軍の活動を便宜的に「布教型キリスト教」にカテゴライズしている。救世軍は野宿者を生み出す要因を社会構造に見出すパースペクティブも持ち合わせており、個人の資質に還元しがちな「布教型キリスト教」の典型的なパースペクティブとは異質な側面があることを付言しておく。

第三章

(1) もちろん、あいりん地域の野宿者たちのなかには伝道集会に参加しない者も多数いる。宗教に対する反感や、施しを受けることへの抵抗感など、理由はさまざまである。

(2) 修士課程在籍時は週に三回程度、あいりん地域のホームレス伝道を参与観察していた。博士課程在籍時はホームレス伝道の会場となる「西成市民館」の非常勤職員として日常的にホームレス伝道の担い手や参加者たちと接触してきた。

(3) プレイズソング（praise songs）ともいわれる。多くのホームレス伝道ではワーシップソングのことを「賛美」と呼ぶことが多い。

(4) むろん、あいりん地域には労働運動にほとんど接触しない日雇労働者も多数いたと考えられる。歴史学者の能川泰治は、生活史調査からあいりん地域の日雇労働者と労働者運動との関わりが非常に多様であったことを明らかにしている（能川 2011）。

（5）『日刊えっとう』一九七三年一二月三〇日―三一号。

（6）精神障害、身体障害、知的障害など、これまで潜在化してきた問題が「労働」の衰退によって顕在化しはじめている。とりわけアルコールに起因する精神障害と過酷な肉体労働に起因する身体障害があいりん地域では顕著にみられる。

（7）あいりん地域でホームレス伝道をおこなう韓国系プロテスタント教会には本章で取り上げた三つの教会のほか、「大阪栄光教会」と「大阪インマヌエル教会」があったが、いずれの教会も二〇〇八年の段階で活動がみられなくなった。

（8）詳細については拙稿「釜ヶ崎で活動する宗教者たち」を参照されたい（白波瀬 2013）。

（9）二〇一二年七月二六日に「浪速教会・愛の家」の牧師に対して実施したインタビューより。なお、このインタビューは宮本要太郎および中西尋子と共同で実施した。

（10）二〇一二年二月二〇日に大阪瑞光教会の牧師に対して実施したインタビューより。なお、このインタビューは中西尋子と共同で実施した。

（11）ユニオン神学大学・教会成長大学院は日本のリバイバルを目指す日韓の牧師たちよってつくられた教育機関で、奥山実が総裁を務める「日本民族総福音化協議会」が主要な後援団体となっている。奥山のほか、日本におけるリバイバル運動の代表的な担い手としてしられる手束正昭などが積極的に関与している。

（12）伝道集会に参加する野宿者は社会運動団体の炊き出しにも参加することが一般的である。あいりん地域では「釜ヶ崎炊き出しの会」（以下、炊き出しの会）と「釜ヶ崎高齢日雇い労働者の仕事と権利を勝ち取る会」（以下、勝ち取る会）が社会運動団体の炊き出しに相当する。「炊き出しの会」は毎日二回、萩之茶屋中公園（通称、四角公園）でおもに白粥の炊き出しを、「勝ち取る会」は火曜日と土曜日に萩之茶屋南公園（通称、三角公園）で主にどんぶりの炊き出しをおこなっている。

（13）文化人類学の先行研究は、しばしば首尾一貫しない断片的な弱者の実践に、支配的なシステムに対する「抵抗」を見出してきた。たとえばナイロビの出稼ぎ民に対するキリスト教の布教を調査した松田素二は、キリスト教を表面的に受容しつつも、伝道側の意図を異化する実践を、ハードな抵抗とは異なった「ソフトな抵抗」と呼び、弱者の主体性や創造性を指摘した（松田 1999）。しかしながら、本章の理論的関心に沿うならば、「ソフトな抵抗」の可能性を仔細に論じることは、さほど重要ではない。松田をはじめとする文化人類学者たちが、弱者の抵抗を語るとき、そこには圧倒的な権力関係が想定されているが、あいりん地域でみられるホームレス伝道のコンテクストにおいては、植民地支配の影響が色濃く残るナイロビでのキリスト教の布教にみられるような、支配－被支配という構図は希薄である。あいりん地域における「布教型キリスト教」は、圧倒的な強者でもなければ、支配的な文化や価値の担い手でもない。

第四章

（1） このような事例は支援－被支援関係が比較的緩やかな集団において顕著にみられる。逆に支援の専門性が高まると、支援－被支援関係は固定化しやすいと考えられる。

（2） 社会運動団体では野宿者は支援者に「当事者」と呼ばれることが多い。一方、ホームレス支援をおこなう教会では野宿者が「当事者」と呼ばれることは通常ない。教会では信仰の共有によって立場の差異は後景化する傾向がある。

（3） 本章における信者類型は宗教社会学者の川又俊則の論考（川又 2000）を参考にしている。

（4） 救世軍西成小隊を対象にした調査は二〇〇七年から二〇一二年にかけて実施した。

（5） 毎週日曜日の八時から実施される。救霊会の終わりには食事が提供される。未信者を対象とした伝道集会として位置づけられている。

（6） 毎週日曜日の一〇時一五分から実施される。聖別会の終わりには食事が提供される。信者を対象にした礼拝として位置づけられているが、実質的には救霊会と大きな相違はない。

（7） 一八七八年に救世軍という名称に改称した。

（8） 一八七二年岡山県生まれ。一八八九年に同志社普通学校に入学。同志社普通学校を卒業した翌年の一八九五年に救世軍に入隊。一九二二年に救世軍書記長官になる。一九四〇年に死去。

（9） 社会福祉学者の室田保夫はこうした戦前の日本における救世軍について民間社会事業の先駆的な荷い手として高く評価している。その一方で、救世軍の社会問題認識が不徹底であり、国策に追従する傾向をもっていたことも指摘している（室田 1994）。

（10） 自助館の前身は一九一一年に開設された労働者の

ための寄宿舎である。一九二三年の関東大震災で火災にあい、一九二四年に自助館という名称で低額の宿所としての事業を開始した。一九五三年に宗教法人が運営する宿泊所（定員三五名）として政府に届け出を出した。一九八一年、東京都から山谷対策の一環として協力要請を受けるようになり、以来、「山谷労働福祉センター」からの紹介のもと入所手続きをおこなっている。筆者が二〇〇七年九月に実施した調査時には、短期利用の野宿者だけでなく生活保護受給者が自助館に入所していた。自助館の施設長に対するインタビューによると、基本的に入所者のプライバシーに深く立ち入ることはないという。伝道の成果を考えるのではなく、「生活困窮者の手助けをすること」に尽力しているという。

(11) 戦前までは免囚保護事業を担う「労作館」という施設であった。一九五四年から宿泊所として事業を開始している。以来、定住地をもたない単身男性労働者が新光館を利用してきた。一九九一年頃から東京都の福祉事務所からの紹介で入所するケースがはじまった。二〇〇七年九月に筆者が調査した時点では大半が福祉事務所からの紹介で入所していた。今日、新光館は病気や怪我で経済的自立が困難な人々が療養する中間施設として機能している。新光館の施設長に対するインタビューによると、三〜四ヶ月間入所するパターンが多いが、期間は福祉事務所によって長短がある。自助館と同様、新光館でも入所者のプライバシーには深く立ち入らない。入所者の生活問題に関しては基本的に福祉事務所のケースワーカーが関与するかたちをとっている。

(12) これらのスタッフのうち八割は救世軍の信仰をもつ者であり、残り二割は救世軍の信仰をもたないボランティアで構成されていた。小隊長を含む小隊の兵士たちが現場の中核的な役割を担い、スタッフの人数把握や役割分担などは救世軍本営社会福祉部に所属する職員によってコーディネートされていた。

(13) スタッフたちは午後七時に常盤橋公園に集合し、コーディネーターの指示のもと当日の役割を確認し、準備に入る。社会福祉部の職員が代表で、日用品配布が滞りなく実施されることを願う祈祷をおこない、スタッフはそれぞれの持ち場につく。午後七時半になると配布がはじまる。野宿者の前の列では小隊長が賛美歌を歌い、列をなす野宿者の前でキリスト教のメッセージをおこなう。野宿者はまず、物資を入れるビニール袋をボランティアから受け取り、おにぎり、パン、ジュース、機関誌『ときのこえ』、衣類、生活用品などを順番に手にしていく。この一連の流れの脇には、散髪をおこなうスペースと淹れたてのコーヒーを飲むスペースが設けられている。一〇月八日には一五人の野宿者が散髪のサービスを受けた。三〇分ほどで配布を終え、片づけに入る。片づけが終わると、コーディネーターが当日の状況を全員の参加者に説明する。最後に初参加者が自己紹介する。その場には野宿者の姿はない。配布は極めてシステマティックになされ、無駄な動きがみられない。災害支援で得たノウハウを活かしていると考えられる。

(14) 社会福祉学者の室田保夫は「明治末期以降の救世軍の社会事業は都市を中心にして多彩に展開されていった」(室田 2006:117) と論じている。

(15) 一九五二年の一月から三月にかけては、現在のあいりん地域にて大阪市内にある複数の小隊の尽力のもと、「冬期無料宿泊所」を開設している。こうした取り組みが背景にあり西成小隊が設立されたと考えられる。

(16) 西成小隊は近隣住民からのクレームを回避するために、教会の周囲での立ち小便や煙草の吸殻の投棄、教会付近での座り込みなどを禁止するルールをつくり、その遵守を野宿者に求めている。

(17) 教会がホームレス支援をおこなう場合、近隣住民の理解を得ることが極めて重要である。教会がホームレス支援を志向していても、近隣住民の反対にあい、頓挫したケースには枚挙にいとまがない。

(18) 参加者の増減は景気に規定される側面が多少ある。日雇求人が増加する時期は礼拝に出席する野宿者が減少し、日雇求人が減少する時期は礼拝に出席する野宿者が増大する。また、気候に規定される側面もあり、寒さが厳しい冬季などは、他の季節に比べ、礼拝に出席する野宿者が増大する。近年は生活保護受給者の増加にともない、支給日との兼ね合いで参加者が増減することが顕著になっている。とはいえ、礼拝参加者の八〇パーセントは固定層であり、浮動層は二〇パーセント程度にとどまる。

(19) 救世軍では soup (心のこもった暖かい家庭的な食事)、soap (清潔な衣類、清潔な場所)、salvation (魂の救済) を重要な実践と位置づけ、「3S」と呼び、この三つの「S」の体現が全人的な救済を可能にさせると考えている。ホームレス伝道をおこなう教会の多くが、食事の提供を「布教の手段」と捉えているのに対し、救世軍西成小隊は、食事の提供を布教と同じぐらい重要なものと捉えており、①家庭的であること、②季節感を出すこと、③できたての料理を提供すること、④満腹にすること (一〇〇人分の食事を準備）を食事提供の理念としている。

(20) 自己紹介では互いの出身地について話すことが多く、そのことで同郷人であることがわかった者同士が親しくなることがしばしばある。

(21) 宗教のほかに問題状況を克服する際の代表的なパースペクティブとして挙げられるのが政治的パースペクティブである。宗教的パースペクティブの多くが苦難の原因を個人の内面に見出すのに対して、政治的パースペクティブでは苦難の原因を社会体制に見出す傾向がある。あいりん地域では、一九七〇年代から一九九〇年代の中頃までは日雇労働者のための労働運動をはじめとする政治的パースペクティブが一定の求心力をもっていたが、一九九〇年代後半は求心力を失ってきている。

(22) 信仰の受け入れを表明した者を救世軍では回心者と呼ぶ。回心者のなかで、救世軍に正式に所属し、一定程度の規則を遵守するようになると「準兵士」という地位が与えられる。また、準兵士の上位に「兵士」という地位があり、救世軍の制服を着用することが認められる。しかし本章では、論旨を明確にするために、救世軍内で使われている信者のカテゴリーは用いず、一般的な用語を使用する。

(23) 西成小隊では、月に一度、難波方面にアウトリーチ活動に出向き、野宿者への安否確認と配食をおこなっている。

(24) 回心体験を重視する救世軍では、機関誌『ときのこえ』をはじめ、さまざまな媒体で入信プロセスを紹介している。しかし、それらは信者が新たな意味体系との関係のなかで過去の体験を再解釈するところがあり、救世軍の教えに適合するように編集されやすい。筆者は以上の点を考慮したうえで入信プロセスに関するグループインタビューを実施し、彼らの生活史の再構成に努めた。

(25) 街娼などの救済を目的に一九四七年に救世軍が設立した婦人保護施設。一九九九年の事業廃止を機に、野宿者たちの入所施設として、西成小隊が施設名称を変えずに利用するようになった。二〇〇三年頃までは、信仰の有無にかかわらず希望者に対し入所を勧めていたが、施設内で人間関係のこじれなどのトラブルが頻発し、不安定な状態が続いた。特に信仰をもたない者は、中途退所が目立ち入所が持続しなかった。このようなことから西成小隊では施設の入所を信仰をもった者だけに限定するよう方針転換した。入所者は一定しているわけではなく、朝光寮を足がかりにして就職していったり、生活保護を受けたりし、他所へ転居していった者も少なくなく、中間施設的な使用法もみられる。入所制限が緩かった時期には最大八人が朝光寮に入所していたが、現在の入所者は三人となっている。

(26) 「外で寝ているのと、住むところがあるのとでは仕事の就きやすさがぜんぜん違う。今は明け方に仕事をみつけに行くことはせずに、現場直行で仕事に行くことができている」とAさんは筆者のインタビューに答えた。

(27) ロフランド＝スターク・モデルは、アメリカにおける統一教会(原文では匿名)における初期の信者たちを調査した結果、提示されたものである。ロフランドとスタークは信者を、信仰を内面化しても行為面における変化がない「形式的信者」(verbal converts)と信仰を内面化し行為面においても特定の宗教の一員へと変化する「完全な信者」(total converts)とに分類している。

(28) しかし、このモデルは後続の研究によって、七つの条件のすべてが必要不可欠なわけではなく、累積的な性質をもつものではないことが指摘されている。詳しくは伊藤雅之の研究を参照されたい(伊藤 2003)。

(29) 鈴木広は創価学会の事例から、新たな信仰を受け入れた人を「それなりの安定性を持った生活構造からの離脱＝孤立化により、集団の紐帯を喪失した人」と分析したが、その視点は西成小隊ボランティア・スタッフたちにも顕著にあてはまる(鈴木 1970)。

(30) 西成小隊には複数の野宿者コミュニティ単位での入信がみられる。野宿者コミュニティは職住が一体となっているケースが多く、親密性が比較的高い。信者たちは、それぞれの野宿者コミュニティを「西成組」、「阿倍野組」、「難波組」といったようにエリアによって分類しており、どこの出自であるかをアイデンティティとしてもっている。

(31) 野宿者のなかには偽名で生活している者が少なくないが、西成小隊では入信・入会時に本名に戻すケースがしばしばみられる。

(32) 救世軍による歳末の街頭募金活動は「社会鍋」という名称で広く知られている。社会鍋は冬を示す季語にもなっている。

第五章

(1) 筆者のこれまでの調査において、韓国人ニューカマーの野宿者を確認したことはない。また、政府の統計や先行研究においても韓国人ニューカマーの野宿者についての記述は見当たらない。

(2) 韓国においてプロテスタント教会が伸張した背景として、日本の植民地支配、朝鮮戦争、軍事政権など、民衆を抑圧する社会状況が長く続いたことが考えられる。

(3) 代表的なものとしてチョー・ヨンギ牧師によって形成された「ヨイド純福音教会」を挙げることができる。

(4) 韓国の宗教人口（韓国統計庁二〇〇五年人口住宅調査報告）をもとに作成。図表5―1参照。

(5) 本章では聖書をすべて神の霊感によって書かれたものであると信じ、文字どおり受け入れる信仰を実践する教会・教団・教派を福音派と規定し、聖書を歴史的・批判的に捉える信仰を実践する教会・教団・教派をリベラル派と規定する。韓国では聖霊の働きを強調する、いわゆる聖霊派の教会が多く存在し、論者のなかには福音派と聖霊派を分ける者もいるが、本章は教会のホームレス支援のアプローチを二つの類型にあてはめて考察することを目的としているため、便宜的に聖霊派を福音派に包含して論じている。

(6) 産業化時代の宣教政策として労働者のなかに入り、彼らと共に働きながら宣教する超教派の組織で、一九五八年に大韓イエス教長老会が結成したのがはじまりだとされている。一九六八年頃から労働問題に積極的に取り組むようになり、労働運動を支える重要なアクターとなった。

(7) 安炳茂や徐南同などが民衆の神学の代表的な主導者として知られている。民衆の神学については朴聖

	1985年	1995年	2005年
総人口	40,419,652人	44,553,710人	47,041,434人
宗教人口（%）	17,203,296人（43%）	22,597,824人（51%）	24,970,766人（53%）
仏教（%）	8,059,624人（20%）	10,321,012人（23%）	10,726,463人（23%）
プロテスタント（%）	6,489,282人（16%）	8,760,336人（20%）	8,616,438人（18%）
カトリック（%）	1,865,397人（5%）	2,950,730人（7%）	5,146,147人（11%）
儒教（%）	483,366人（1%）	210,927人（0.5%）	104,575人（0.2%）

図表5－1　韓国の宗教人口

焌の著書を参照されたい（朴 1997）。

（8） 本章では、植民地支配をきっかけに来日した人々とその子孫をオールドカマー、一九八〇年代以降に来日した韓国人をニューカマーと便宜的に分類して論じる。

（9） 二〇〇五年度の文部科学省の統計によれば、日本人のキリスト教徒の信者数はカトリックとプロテスタントをあわせて二一六万一七〇七人となっている。

（10） 「ミッションジャパン」と「コスタジャパン」以外の宣教大会としては二〇〇七年から実施された「ラブソナタ」がある。この宣教大会は韓国を代表するメガチャーチ「オンヌリ教会」と日本の福音派教会の協力事業による大規模なもので、韓国人の芸能人や著名人を動員したアプローチが特徴となっている。二〇〇八年の一〇月までの間に、沖縄、福岡、大阪、東京、札幌、仙台、広島、横浜、青森で実施された。ラブソナタでは主たる来場者として未信者の日本人を想定している。ラブソナタは、信者が複数の未信者を誘う方法をとっており、「東京スーパーアリーナ」でおこなわれた集会では、全来場者の約二万人のうち、約一万人が未信者の日本人であった。

（11） 日本福音宣教教会は二〇〇八年三月の時点までの間に、東京、大阪、神戸、札幌、名古屋の五都市で開拓教会をつくり、また、東京、広島、千葉、大阪の四都市の無牧教会に牧師を派遣した。このような長期の牧師・宣教師の派遣のほか、vision trip と呼ばれる短期宣教プログラムの派遣にも積極的に携わっている。上記データは二〇〇八年三月に筆者が李賢京らと共同でおこなった日本福音宣教教会への聞き取り調査から得た。

（12） 大阪オンヌリ教会は二〇〇〇年三月に大阪市天王寺区に設立され、現在は中央区に移転している。二〇一〇年八月からソウルのオンヌリ教会から韓国人牧師が派遣されている（中西 2011）。

（13） 本章では特定の安定的な住居をもつ日本人を便宜的に「一般的な日本人」と規定し、野宿者と対比している。

（14） マーク・マリンズは、韓国系プロテスタント教会が日本人の信者形成に苦心する理由として、①大半の日本人がキリスト教を日本の文化的アイデンティティとは相容れないとみなす傾向があること、②韓国人に対し優越感を抱く日本人が多く、かつての植民地出身の宗教指導者が統率する教会に宗教上の慰めを求めそうにないこと、③日本生まれの新宗教が土着的な宗教伝統に根ざして文化的な連続性を強調するため、韓国系プロテスタント教会より大衆的な日本人の要求に応える見込みが大きいこと、の三点を指摘している（Mullins 1998=2005）。

(15) あいりん地域における韓国系プロテスタント教会の詳細については別稿を参照されたい（白波瀬 2013）。

(16) 二ヶ月という期限付きの入所期間に野宿者は自立支援センターに住民票を設定し、ハローワークなどで常用の仕事を探し、月給を貯めて、最終的には施設を退所し、アパートで自立生活を目指す。二〇〇七年の時点で、都内には五ヶ所に自立支援センター（総定員三二六人）が設置されている。東京都の報告によれば、二〇〇七年の一月末の時点で七〇五七人が利用し、そのうち約五一パーセントが就労自立している。

(17) ホームレス地域生活移行支援事業とは都が借り上げた住宅を二年間低料金で貸し付けるもので、この期間中に自立した生活に向けての就労機会の確保および生活相談を実施する。自立支援センターは、就労支援を経過したのちに住居に移行する流れとなるが、このホームレス地域生活移行支援事業では就労支援の前にまず生活の拠点になる住居の確保を目指す。

(18) 二〇〇三年の厚生労働省の調査では東京都二三区の野宿者が五九二七人であったが、二〇一四年には一五八一人となっている。

(19) 東京都心部の代表的なホームレス支援団体として新宿に本拠を構える「新宿連絡会」と渋谷に本拠を構える「渋谷のじれん」がある。両者はホームレス問題を構造的な問題であると捉え、野宿者を支援するという点で一致しているが、行政によるホームレス対策の評価をめぐって立場を異にしている。

(20) キリスト教以外のホームレス支援の例としては、浄土宗を背景にする「ひとさじの会」、台湾に本拠をおく仏教団体「慈済基金会日本分会」の炊き出し活動がある。またイスラム教のモスクとして知られる「マスジド大塚」は池袋のホームレス支援団体の「てのはし」と協働するかたちで炊き出し活動をおこなっている。

(21) 野宿者の多くは「食」の確保のため、複数のホームレス支援団体や教会をハシゴしながら生活をしている。ほとんどの野宿者はそれぞれの団体の主張の違いに拘泥することなく、「食」を確保する機会として融通無碍に接近を試みる。筆者はこれまでの調査のなかで、同一の野宿者がラディカルな政治的要求を掲げるホームレス支援団体の炊き出しと韓国系プロテスタント教会の炊き出しの双方に参加するケースを何度も見てきた。
(22) 代表的なものとして新宿連絡会の笠井和明による著書がある（笠井 1999）。
(23) 地の果て宣教教会は二〇一二年に港区新橋六丁目に移転した。
(24) 教会設立当初は個人単位での入信が目立ったが、教会に所属する期間が長くなるにつれて家族単位で入信するようになり、信者が増加したという。二〇〇九年一月一一日に筆者が参与観察をおこなった「一般信者」の主日礼拝には三五人の韓国人と三〇人の日本人が参加していた。
(25) 二〇〇九年一月一一日におこなった地の果て宣教教会の沈牧師への聞き取り調査データからの抜粋。
(26) 二〇一四年一一月四日に筆者が Tokyo EMC Gospel & Jazz Band のディレクターに実施した聞き取り調査より。
(27) 二〇一五年二月の時点において、主日礼拝は一日に三回実施されていた。午前一一時からおこなわれた一部礼拝および午後一時半からおこなわれた二部礼拝（賛美礼拝）は「一般信者」を対象にしていた。一方、午後三時半からおこなわれた三部礼拝は野宿者を対象にしていた。
(28) 二〇一五年二月八日に実施した参与観察において、従来、教会内で提供していた食事が持ち帰り用の弁当に変更されていることを確認することができた。
(29) ホームレス伝道で提供される食事のメニューは、支援を受けた食料の内容によって決定される。食材のなかには地の果て宣教教会が自前で購入したものもある。
(30) 二〇〇九年一月一一日におこなった地の果て宣教教会の沈牧師への聞き取り調査データからの抜粋。
(31) 二〇〇九年一月一一日におこなった地の果て宣教教会の沈牧師への聞き取り調査データからの抜粋。
(32) 二〇〇九年一月一一日におこなった地の果て宣教教会の沈牧師への聞き取り調査データからの抜粋。
(33) 地の果て宣教教会のホームレス伝道では、徹底的な祈りによって運命が変わり幸福になるという現世利益的なストーリーが繰り返し強調される。このストーリーを補強する事例として、教会内で起こった体験談などが頻繁に引用される。
(34) 東京中央教会は関東地方を中心にすでに二〇以上の支教会を形成しており、近年につくられた教団・教派のなかでは比較的規模が大きい。高崎中央教会、山梨中央教会、群馬中央教会、小田原中央教会、水元中央教会、船橋中央教会などが代表的な支教会である。『キリスト教年鑑２００８年版』によれば教団全体の信者数は二〇〇七年の時点で二五〇〇人である。

(35) 筆者の聞き取りによれば、二〇〇七年三月の時点で約八〇人の留学生が東京中央教会に所属していたが、二〇一四年一二月の時点では約四〇人に減少していた。

(36) 東京都台東区北東部から荒川区東南部に位置する寄せ場「山谷」では、すでに一九七〇年代からホームレス伝道がおこなわれていたが、都心部でのホームレス伝道は一九九〇年代の後半になってから目立つようになった。このことは、野宿者という存在が寄せ場という閉じた空間から拡散してきていることを示唆している。

(37) 二〇〇七年六月一〇日に実施した主日礼拝の参与観察では以下のことを確認することができた。主日礼拝は午前一一時からはじまるが、野宿者は午前一〇時半から教会に入ることが許可されていた。午前一〇時半になると、続々と野宿者が三階の会堂に集まり始めた。キリスト教の信仰をもつ野宿者で構成されている希望宣教会のボランティア・スタッフたちは、「ハレルヤ」と挨拶しながら所定の場所に野宿者を着席させ、名前と生年月日を記入する欄が設けられた出席カードを配布していた。この方式を採用することで、教会側が出席者を個別的に把握することが可能となっていた。午前一一時前になると三階の会堂は三〇〇人近くの野宿者で埋め尽くされた。

(38) 一方で、野宿者の受け入れをきっかけに教会を離れた「一般信者」も少なくなかった。

(39) 衛生面への配慮は、野宿者を清潔な状態にすることから、「一般信者」からの承認を容易にするものと考えられる。

(40) 希望宣教会のボランティアチームは、会堂の案内と清掃をおもに担う「一般奉仕者」と食事の支度を担う「食事奉仕者」の二つに分かれている。洗礼を受けた野宿者のなかで教会の奉仕活動に関わりたい者は、ボランティアグループに加入する。二〇〇七年の時点で、希望宣教会のボランティア・スタッフは約二〇人で構成されていた。彼らはピンクのワイシャツとネクタイを着用しており、その容姿から彼らがボランティア・スタッフであると容易に識別することができた。

(41) 二〇〇七年に実施した調査の時点では、ボランティア・スタッフの一部は野宿生活から脱却し、居宅生活を送っていたが、大半が野宿状態のまま奉仕活動に従事していた。

(42) 二〇〇六年九月二四日に実施した百合花牧師への

聞き取り調査より。

（43） 筆者が参加した二〇〇六年の洗礼式では三二人の野宿者が受洗した。

（44） ボランティア活動は基本的に無給だが、大規模なイベント時には五〇〇〇円の特別賞与が与えられる。また、教会活動に積極的に参加した者には、「出席賞」と称する報償システムがあり、最も出席回数の多い者から順に「交通費の足し」として五〇〇〇円、三〇〇〇円、二〇〇〇円の賞与が与えられる。

（45） パットナムは、ソーシャル・キャピタルを、人々の協調行動を活発にすることによって、社会の効率性を高めることのできる、「信頼」、「規範」、「ネットワーク」といった社会的仕組みの特徴と定義している（Putnum 1993＝2001）。

（46） 日本のリベラル派プロテスタント教会と関係が深いホームレス支援団体としてはＮＰＯ法人市川ガンバの会とＮＰＯ法人北九州ホームレス支援機構が著名である。前者は日本バプテスト連盟に所属する教会を母体としている。一方、後者は複数のプロテスタント教会とカトリック教会が関与しているが、代表は日本バプテスト連盟の牧師である。

（47） 現在の韓国系プロテスタント教会の閉鎖性は、信者の量的拡大を重視する福音派的価値観に基づくものと考えることもできるが、福音派がみな他機関との協働に消極的だとは限らない。たとえば、那覇市の「沖縄ベタニヤチャーチ」や、札幌市の「マナチャペル」は、教会を母体にしたＮＰＯ法人を運営しており、他機関と協働しながら、積極的にホームレス支援をおこなっている。

第六章

（1） 日雇労働力の売買がおこなわれる空間を寄せ場という。大規模な寄せ場に大阪の釜ヶ崎、東京の山谷、横浜の寿町などがある。

（2） 公設のシェルターと自立支援センターの両方をもつ自治体は横浜市、名古屋市、大阪市。公設の自立支援センターのみをもつ自治体は仙台市、東京都、京都市、堺市、北九州市である。

（3） 地方分権の推進を目的として一九九四年の地方自治改正により創設された都市制度。三〇万人以上の人口を有することが中核市の要件となっている。

（4） シェルターや自立支援センターの設置は自治体に義務付けられているわけではないため、ホームレス対策は地域格差が著しい。

（5） 二〇〇八年から二〇一四年にかけて合計一〇回の参与観察とインタビュー調査をおこなった。なお、インタビュイーはプロミスキーパーズの代表を中心に、事務局長、スタッフ、施設入所者など多岐にわたる。

(6) たとえば、大阪府では二〇〇三年七七五八人、二〇〇七年四九一一人、二〇〇九年四三〇二人となっている。また東京都では二〇〇三年六三六一人、二〇〇七年四六九〇人、二〇〇九年三四二八人となっている。

(7) 全国的には二〇〇三年以降、野宿者数の減少が顕著にみられるが、ホームレス対策が微弱、あるいは存在しない地方自治体のいくつかは野宿者が増加している。なお、沖縄県内には公的財源を用いた野宿者のための自立支援センターは存在しない。

(8) 二〇〇八年の調査では沖縄県で確認された二〇〇人の野宿者のうち、男性が一八七人、女性が五人、不明が八人となっている。

(9) 二〇〇九年一二月三一日の沖縄タイムスに掲載された那覇市福祉政策課課長へのインタビュー記事を参照。

(10) 筆者が二〇一二年一一月にNPO法人プロミスキーパーズとNPO法人みのりの会に対しておこなった聞き取り調査に基づく。わずかな所持金で来沖し、金を使い切ったあと、野宿者になるパターンが典型だという。

(11) 生活保護の運用の場面において野宿者は、高齢でも傷病者でもない場合、生活保護の適用対象とはみなされにくい。そのため公的なセーフティネットにかからない野宿者は民間団体と密接な関係をもつ傾向がある。

(12) 他都市におけるホームレス自立支援センターは公金を用いて民間団体が運営する公設民営型が一般的だが、プロミスキーパーズは基本的に自主財源で活動を展開する民設民営型である。

(13) 聖霊の働きを強調する「ワールドミッション教団」に所属。母教会の「ベタニヤチャーチ」(大阪府東大阪市)は沖縄ベタニヤチャーチを含む四つの支教会をもつ。

(14) 二〇〇八年一一月三〇日に山内代表に対して実施したインタビューデータ。

(15) 二〇〇八年三月二八日に山内代表に対して実施したインタビューデータ。

(16) 「怠け者、自業自得の人たちを何で世話するのですか」、「心の病の人とか、アルコール中毒の人はわかるけどホームレスの人たちは嫌だ」など、野宿者の受け入れに反対する意見が教会内で噴出した。

(17) 既存の信者へのケアがおろそかになるという危惧

から、多くの信者が野宿者の積極的な受け入れに反対し、教会を離れていった。
(18) 二〇〇八年三月二八日に実施したインタビューデータ。
(19) 朝日のあたる家の一階に沖縄ベタニヤチャーチの礼拝堂とNPO法人プロミスキーパーズの事務所が入っており、二階以上が居住スペースとなっている。
(20) 那覇市ホームレス緊急一時宿泊事業は、「自立の意思がありながらホームレスとなることを余儀なくされている者及びホームレスになることを余儀なくされるおそれのある者に対し、その健康状態の悪化防止や野宿生活に至ることがないよう緊急一時的に宿泊場所を提供し、自立に必要な支援をおこなうこと」を目的としている。なお、二〇一四年度の予算額は八一万二一六〇円で、内訳は①宿泊の提供および管理に関する経費（七万五六〇〇円／月）、②利用対象者への食事料（一〇八〇円／日）、③初期準備費（五万四〇〇〇円）となっている。
(21) 那覇市福祉政策課との連携のもとに実施した。二ヶ月の事業期間で五五人を雇用し、遺骨収集をおこなった。そのうちエデンハウスの入所者は二三人。残りの二二人はプロミスキーパーズとつながりのある沖縄県在住の野宿者および生活保護受給者であった。
(22) ホームレス巡回相談指導等事業は「ホームレス等の起居する場所を巡回し、これらの者と直に面接をおこない、日常生活に関する相談等をおこなうこと」を目的としている。本事業の委託先はプロミスキーパーズのみとなっており、二〇一一年度の事業費は四九二万三〇〇〇円であった。
(23) ホームレス等貧困・困窮者の「絆」再生事業は「ホームレスやホームレスとなることを余儀なくされるおそれのある方々を対象に、巡回相談、宿所の提供、生活指導等に係る事業で、地域の実情に応じて一体的におこなうことにより、これらの方々が地域社会で自立し、安定した生活を営めるよう支援することを目的にしている。事業内容は以下の五つから構成されている。①ホームレス総合相談事業、②ホームレス自立支援事業、③ホームレス緊急一時宿泊事業、④ホームレス能力活用推進事業、⑤NPO等民間団体がおこなう生活困窮者等支援事業。なお、二〇一三年度における本事業の受託先は沖縄県内で計六団体あり、プロミスキーパーズは九八二万円の事業費を受けている。
(24) 法務省の「緊急的住居確保・自立支援対策」は刑務所出所後の帰住先の欠如から再犯に至る者が多数

に上ることを鑑み、二〇一一年度から開始された。この事業では、NPO法人等が管理する施設の空きベッド等を「自立準備ホーム」と名付け、あらかじめ保護観察所に登録したうえで活用している。保護観察所は自立準備ホームの管理者に対して宿泊場所提供、食事提供、日々の生活指導等を委託している。なお、二〇一二年度のプロミスキーパーズによる自立準備ホームでは、二五人を保護観察所から受け入れ、五人が就労自立を果たした。

(25) 福岡県北九州市を主要な拠点にホームレス支援を精力的に展開している「NPO法人北九州ホームレス支援機構」は、ホームレス状態に陥る前の段階から、ホームレス状態脱却後の安定的な生活に至るまでのプロセス全体に対して、物理(物質)的対応から精神的ケアまでをも含む体系的戦略的対応が必要であり、また、施策の立案から実施、そして実施過程と実施後の成果の評価までを含むプロセス全体を管理することが必要だと論じている(山崎ほか 2006:33)。

(26) アウトリーチをおこなっている公園は、波の上公園、若狭公園、奥武山公園、漫湖公園、与儀公園(いずれも那覇市)である。

(27) 二〇〇八年一一月三〇日に山内代表に実施したインタビューデータ。

(28) 二〇一二年三月一九日に実施した調査では、エデンハウスの入所者が八七人、朝日のあたる家の入所者が一二六人であった。

(29) 二〇一〇年六月に実施した調査によれば、プロミスキーパーズの施設入所者のうち、就労可能層は全体の三分の一を占める。一方、就労困難層は全体の三分の二を占める。彼らは賃労働に従事しないかわりに、可能な範囲で調理・洗濯・掃除などの「家事」を担っている。

(30) プロミスキーパーズでは、これまでに支援したケースの多くが生活保護制度の活用によって、かえって就労意欲が低下し、ギャンブルやアルコールへの依存傾向が高まることを経験してきたことから、稼働層の生活保護受給には慎重な対応をとっている。

(31) 二〇一〇年三月二八日に実施した調査の時点で、プロミスキーパーズは企業や集合住宅の協力を得て、資源ゴミ回収専用のドラム缶を沖縄県内に約二三〇ヶ所設置していた。このリサイクル事業は年間約三〇〇万円(二〇〇九年度)の収益があり、プロミスキーパーズの重要な資金源となっていた。しかし、資源ゴミの価格の買い取り価格は景気に大きく左右されることから、近年ではリサイクル事業に過度に依存しない運営が目指されている。

(32) 二〇一二年三月一九日に実施した調査の時点では、中頭郡西原町に二ヶ所、中頭郡中城村村に一ヶ所の計三ヶ所の農地で栽培していた。ネギ、ニラを主軸に、ほうれん草、おくら、レタス、ゴーヤ、ヘチマなどを栽培し、それらをスーパーマーケットに卸していた。

(33) 山内代表はかつて沖縄県でカラオケなどのアミューズメント業を中心とした会社を経営していた。

(34) 二〇〇九年二月二〇日に山内代表に実施したインタビューデータ。

(35) たとえばミネラルウォーターを販売する店舗では計算が苦手な者でも仕事がこなせるように、販売額をシンプルにする工夫をしている。

(36) 二〇〇七年一〇月二六日に琉球新報に掲載された記事によって反響が高まり個人的な支援が増加した。菊農家やタバコ農家など、第一次産業の求人が多い。筆者が二〇〇八年三月二八日に実施した調査時にはエデンハウスから七人が一般企業に出勤していた。

(37) 結束型ソーシャル・キャピタルは、特定の互酬性を安定させ、連帯を動かしていくのに都合がよい。対照的に橋渡し型ソーシャル・キャピタルは外部資源との連携や、情報伝播において優れている(Putnum 2000＝2006)。パットナムは結束型ソーシャル・キャピタルを「社会学的な強力接着剤」、橋渡し型ソーシャル・キャピタルを「社会学的な潤滑剤」(Putnum 2000＝2006:20‒21)であると論じている。

(38) パットナムは宗教を今日においてもアメリカの市民社会における極度に重要なセクターであるとし、宗教がソーシャル・キャピタルの集合的蓄積にとって甚大な影響をもつと論じている(Putnum 2000＝2006)。また、人々が共に祈る信仰のコミュニティは、アメリカのソーシャル・キャピタルの蓄積において、唯一最大の重要性をもっとも論じている(Putnum 2000＝2006)。宗教に深く関わる者は、管理運営やスピーチといった移転可能な市民的スキルを身につけるが、それらの移転の仕方は宗教団体によって異なる。たとえば、福音主義信者は自身の宗教的コミュニティ内部の活動により関与し、外部の広範なコミュニティにはあまり関与しない傾向がある(Putnum 2000＝2006)。一方、主流派プロテスタントとカトリックは、幅広コミュニティにおけるボランティアや奉仕に関与するようになっている(Putnum 2000＝2006)。

(39) 伝統的な地縁集団や、民族集団などが結束型ソーシャル・キャピタルの代表例として指摘することができる。

(40) 二〇一〇年六月二六日に実施した調査データに基づく。

(41) エデンハウスに入所する一五人のスタッフの多くもまた沖縄ベタニヤチャーチの信者である。

(42) 二〇〇九年度のスタッフ二二人に対する給与の総額は九九二万九〇〇〇円となっている。

(43) 二〇〇九年度は沖縄県内だけでも一〇以上の教会がプロミスキーパーズに経済的・物質的援助をおこなった。

(44) 菓子、飲料類、缶詰、調味料などがアメリカ軍から定期的に届けられる。

(45) セカンドハーベスト沖縄が食料支援をおこなう主要なNGOである。

(46) 債務整理、財産分与、離婚手続き、権利擁護等が主要な支援内容である。二〇〇八年以降、「沖縄県司法書士青年の会」に所属する司法書士が定期的にプロミスキーパーズで相談活動をおこなっている。また、法テラスとも緊密な協力関係を有している。これら司法の専門家の協力を得ることで、以前に比べて行政サービスを受けることが容易になった。

(47) その他のものとしては、議員との協働が目立つ。また、マスコミも肯定的な報道を繰り返したり、プロミスキーパーズが主催するイベントの後援団体になったりと、プロミスキーパーズの社会的認知の向上に大きな役割を果たしている。

(48) 施設入所者のなかには大工経験者や配電工事経験者が少なくない。

(49) AさんとNさんのへのインタビューは二〇一〇年三月二七日、二八日におこなった。

(50) エデンハウスでは入所者同士の喧嘩がしばしば勃発するが、いつもAさんが仲裁に入り、大きなトラブルに発展するのを防いでいるという。

(51) プロミスキーパーズでは「地域生活」に移行した者たちの孤立を防ぐために二〇一一年度から「地域生活安定化支援事業」と称するアフターケア事業を実施している。

(52) 本章では齋藤純一の定義にならい、具体的な他者の生に対する配慮や関心が分かちもたれた空間・領域のことを親密圏と呼ぶことにする(齋藤 2003)。

(53) Tさんへのインタビューは二〇一二年三月一九日にエデンハウスにて実施した。

(54) Sさんへのインタビューは二〇一二年三月二〇日、朝日のあたる家にて実施した。

(55) 齋藤純一は具体的な他者の生/生命への配慮・関

心をメディアとするという観点からすれば、「セルフヘルプグループ」も明らかに親密圏のひとつの形だと論じている（齋藤 2000）。こうした指摘はプロミスキーパーズにも当てはまりやすい。

参考文献

愛徳姉妹会、1984、『大阪における愛徳姉妹会の社会福祉事業50年史』愛徳姉妹会。

青木秀男、1989、『寄せ場労働者の生と死』明石書店。

青木秀男、2000、『現代日本の都市下層』明石書店。

青木秀男、2005、「彷徨する野宿者――自死と抵抗の間」大阪市立大学共生社会研究会編『共生社会研究』1:3–12。

阿部志郎、2001、『「キリスト教と社会福祉」の戦後』海声社。

生田武志、2005、『〈野宿者襲撃〉論』人文書院。

板井正斉、2011、『ささえあいの神道文化』弘文堂。

伊藤雅之、2003、『現代社会とスピリチュアリティ――現代人の宗教意識の社会学的研究』渓水社。

稲場圭信、2009、「宗教的利他主義・社会貢献の可能性」稲場圭信・櫻井義秀編『社会貢献する宗教』世界思想社。

稲場圭信、2011、『利他主義と宗教』弘文堂。

稲場圭信・黒崎浩行、2013、『震災復興と宗教（叢書宗教とソーシャル・キャピタル4）』明石書店。

井上順孝、2013、「その活動は社会貢献か布教か――思い惑う宗教団体」『中央公論』129(1):26–31。

岩田正美、2000、『ホームレス／現代社会／福祉国家――「生きていく場所」をめぐって』明石書店。

岩田正美、2007、『現代の貧困――ワーキングプア／ホームレス／生活保護』筑摩書房。

岩田正美、2008、『社会的排除――参加の欠如・不確かな帰属』有斐閣。

右田紀久恵、1986、「社会福祉運営における公私関係」右田紀久恵・松原一郎編『地域福祉講座2　福祉組織の運営と課題』中央法規出版。

大阪市立大学都市研究プラザ編、2012、『あいりん地域の現状と今後――あいりん施策のあり方検討報告書』。

大谷栄一、2009、「平和をめざす宗教者たち――現代日本の宗教者平和連合」稲場圭信・櫻井義秀編『社会貢献する宗教』世界思想社。

大谷栄一、2012、『近代仏教という視座――戦争・アジア・社会主義』ぺりかん社。

小川原正道、2010、『近代日本の戦争と宗教』講談社。

小川原正道、2014、『日本の戦争と宗教1899–1945』講談社。

奥田道大・田嶋淳子編、1993、『新宿のアジア系外国人』めこん。

奥村晴彦、2011、「あいりん地域と医療——釜ヶ崎における医療の現状」『ホームレスと社会』4:26–31。

垣田裕介、2011、『地方都市のホームレス——実態と支援策』法律文化社。

笠井和明、1999、『新宿ホームレス奮戦記——立ち退けど消え去らず』現代企画室。

金子昭、2002、『駆けつける信仰者たち——天理教災害救援の百年』道友社。

金子郁容、1992、『ボランティア——もうひとつの情報社会』岩波書店。

金子充、2004、「社会的排除と『救済に値する者／値しない者』の選別」『立正社会福祉研究』5(2):53–72。

金菱清・大澤史伸、2014、『反福祉論——新時代のセーフティネットを求めて』筑摩書房。

釜ヶ崎キリスト教協友会、2011、『釜ヶ崎キリスト教協友会40年誌』釜ヶ崎キリスト教協友会。

川又俊則、2000、「信者とその周辺」大谷栄一・川又俊則・菊池裕生編『構築される信念』ハーベスト社。

岸本英夫、1961、『宗教学』大明堂。

北川由起彦、2005、「単身男性の貧困と排除——野宿者と福祉行政の関係に注目して」岩田正美・西澤晃彦編『貧困と社会的排除——福祉社会を蝕むもの』ミネルヴァ書房。

北川由起彦、2014、「ホームレス状態から地域生活への移行において何が問われているのか」内藤直樹・山北輝裕編『社会的包摂／排除の人類学——開発・難民・福祉』昭和堂。

北場勉、2005、『戦後「措置制度」の成立と変容』法律文化社。

木原克信、2007、「公共圏のなかのキリスト教福音派の福祉実践——公共哲学的視座」『Emergence 創発』11(3):32–39。

黒崎浩行・吉野航一・寺沢重法、2009、「情報化社会における宗教の社会貢献」稲場圭信・櫻井義秀編『社会貢献する宗教』世界思想社。

厚生労働省、2012、『ホームレスの実態に関する全国調査（概数調査）結果について』社会・援護局地域福祉課。

国際宗教研究所編、1996、『阪神大震災と宗教』東方出版。

後藤広史、2013、『ホームレス状態からの「脱却」に向けた支援――人間関係・自尊感情・「場」の保障』明石書店。

小柳伸顕、1990、「西洋型ミッションを問い直す」釜ヶ崎キリスト教協友会編『釜ヶ崎の風』風媒社 :218-231。

小柳伸顕、1991、「寄せ場のキリスト者たち――その歩みと課題」『寄せ場』4:131-147。

齋藤純一、2000、『公共性』岩波書店。

齋藤純一、2003、「親密圏と安全の政治」齋藤純一編『親密圏のポリティクス』ナカニシヤ出版。

櫻井義秀、2009、「現代宗教に社会貢献を問う」稲場圭信・櫻井義秀編『社会貢献する宗教』世界思想社。

櫻井義秀、2011、「ある韓国系教会のカルト化――聖神中央教会を事例に」李元範・櫻井義秀編『越境する日韓宗教文化』北海道大学出版会。

島和博、2003、「「共生」社会における「ホームレス問題」」野口道彦・柏木宏編『共生社会の創造とＮＰＯ』明石書店。

浄土宗務所社会課、1934、『浄土宗社会事業年報第一輯』浄土宗務所社会課。

白波瀬達也、2013、「釜ヶ崎で活動する宗教者たち」渡邊直樹編『宗教と現代がわかる本2013』平凡社。

申光澈・中西尋子、2011、「韓国キリスト教の日本宣教」李元範・櫻井義秀編『越境する日韓宗教文化　韓国の日系新宗教　日本の韓流キリスト教』北海道大学出版会。

杉岡直人、1995、「福祉多元主義と企業の社会貢献活動」『北星論集』32:12-42。

鈴木忠義、2004、「ホームレスと親密圏の困難」『唯物論研究年誌』9:189-209。

鈴木広、1970、『都市的世界』誠信書房。

ストローム、エリザベート、1988、『喜望の町――釜ヶ崎に生きて20年』日本基督教団出版局
田巻松雄、1995、「社会的『底辺層』と『われわれ』の関係性についての一考察――野宿者に対する「差別」と「支援」を中心に」『名古屋商科大学論集』39(2):77-89。

堤圭史郎、2000、「ホームレス・スタディーズへの招待」青木秀男編『ホームレス・スタディーズ――排除と包摂のリアリティ』ミネルヴァ書房。

堤圭史郎、2006、「『善意』に支えられた『ホームレス支援』」『市大社会学』7:35-50。

寺沢重法、2012、「宗教参加と社会活動」『現代社会学研究』25:55-72。

寺沢重法、2013、「現代日本における宗教と社会活動――JGSS累積データ2000～2002の分析から」『日本版総合的社会調査共同研究拠点研究論文集』13:129–140。

中西尋子、2011、「在日大韓基督教会と韓国系キリスト教会の日本宣教」李元範・櫻井義秀編『越境する日韓宗教文化　韓国の日系新宗教　日本の韓流キリスト教』北海道大学出版会。

西澤晃彦、1995、『隠蔽された外部：都市下層のエスノグラフィー』彩流社。

西山茂、1975、「我国における家庭内宗教集団の類型とその変化」『東洋大学社会学研究所年報』8:67–88。

西山志保、2007、『ボランティア活動の論理改訂版――ボランタリズムとサブシステンス』東信堂。

仁平典宏、2005、「ボランティア活動とネオリベラリズムの共振関係を再考する」『社会学評論』56(2):485–499。

能川泰治、2011、「釜ヶ崎の日雇労働者はどのように働いているか」原口剛・稲田七海・白波瀬達也・平川隆啓編『釜ヶ崎のススメ』洛北出版。

日本仏教社会福祉学会編、2014、『仏教社会福祉入門』法蔵館。

日本キリスト教社会福祉学会編、2014、『日本キリスト教社会福祉の歴史』ミネルヴァ書房。

朴賢珠、2000、「都市居住ニューカマーの行動様式――韓国人留学生を中心に」『地理研究』41(1):1–11。

朴聖焌、1997、『民衆神学の形成と展開』新教出版社。

橋本健二、2009、『格差の戦後史――階級社会日本の履歴書』河出書房新社。

長谷川公一、2000、「共同性と公共性の現代的位相」『社会学評論』50(4):436–450。

原口剛、2010、「寄せ場『釜ヶ崎』の生産過程にみる空間の政治――『場所の構築』と『制度的実践』の視点から」青木秀男編『ホームレス・スタディーズ――排除と包摂のリアリティ』ミネルヴァ書房。

原口剛、2011a、「騒乱のまち、釜ヶ崎」原口剛・稲田七海・白波瀬達也・平川隆啓編『釜ヶ崎のススメ』洛北出版。

原口剛、2011b、「地名なき寄せ場――都市再編とホームレス」西澤晃彦編『労働再審4』大月書店。

秀村研二、1999、「受容するキリスト教から宣教するキリスト教へ――韓国キリスト教の展開をめぐって」東京大学文学部朝鮮文化研究室編『朝鮮文化研究』6:95–107。

福本拓、2002、「大阪府における在日外国人『ニューカマー』の生活空間」『地理科学』57(4):225–276。

藤井克彦・田巻松雄、2003、『偏見から共生へ――名古屋発・ホームレス問題を考える』風媒社。

堀内一史、2008、「ソーシャル・キャピタルとボランタリズム――宗教ボランティアと宗教的ソーシャル・キャピタルをめぐって」稲葉陽二編『ソーシャル・キャピタルの潜在力』日本評論社。

本田哲郎、1990、「福音は社会の底辺から」釜ヶ崎キリスト教協友会編『釜ヶ崎の風』風媒社。

本田哲郎、2006、『釜ヶ崎と福音――神は貧しく小さくされた者と共に』岩波書店。

松田素二、1999、『抵抗する都市――ナイロビ移民の世界から』岩波書店。

丸山里美、2006、「野宿者の抵抗と主体性――女性野宿者の日常的実践から」『社会学評論』56(4):898–914。

丸山里美、2013、『女性ホームレスとして生きる――貧困と排除の社会学』世界思想社。

三木英編、2001、『復興と宗教――震災後の人と社会を癒すもの』東方出版。

三谷はるよ、2014、「日本人の宗教性とボランティア行動――非教団所属者における拡散的宗教性の影響」ソシオロジ58(3):3–18。

道中隆・田中聡一郎・四方理人・駒村康平、2009、「自立支援センター利用ホームレスの就業・退所行動」『季刊社会保障研究』45(2):121–133。

三井百合花、2004、『希望を求めて――ホームレスミッションの祝福と喜び』いのちのことば社。

麦倉哲、2006、『ホームレス自立支援システムの研究』第一書林。

ムコパディヤーヤ、ランジャナ、2005、『日本の社会参加仏教――法音寺と立正佼成会の社会活動と社会倫理』東信堂。

室田保夫、1994、『キリスト教社会福祉思想史の研究――「一国の良心」に生きた人々』不二出版。

室田保夫、2001、「山室軍平と救世軍」『社会事業史研究』29:45–58。

室田保夫、2003、「産業革命期の慈善事業」菊池正治・清水教恵・田中和夫・永岡正己・室田保夫編『日本社会福祉の歴史――制度・実践・思想』ミネルヴァ書房。

室田保夫、2006、「山室軍平――平民主義と救世軍」室田保夫編『人物でよむ近代日本社会福祉のあゆみ』ミネルヴァ書房。

山北輝裕、2014、『路の上の仲間たち――野宿者支援・運動の社会誌』ハーベスト社。

山崎克明・奥田知志・稲月正・藤村修・森松長生、2006、『ホームレス自立支援――NPO・市民・行政協働による

「ホームの回復」』明石書店。

山田壮志郎、2009、『ホームレス支援における就労と福祉』明石書店。

山田昌弘、2004、『希望格差社会——「負け組」の絶望感が日本を引き裂く』筑摩書房。

吉田久一、2004、『新・日本社会事業の歴史』勁草書房。

40年誌編集委員会編、1994、『救世軍西成小隊開戦40周年記念誌「恵みの光」』救世軍西成小隊。

李賢京、2007、「日本における韓国系プロテスタント教会の展開史」『北海道大学大学院文学研究科研究論集』7:247–262。

李賢京、2011、「韓国キリスト教の日本宣教戦略と『韓流』」李元範・櫻井義秀編『越境する日韓宗教文化——韓国の日系新宗教　日本の韓流キリスト教』北海道大学出版会。

李進龜・櫻井義秀、2011、「統一教会の日本宣教——日韓比較の視座」李元範・櫻井義秀編『越境する日韓宗教文化——韓国の日系新宗教　日本の韓流キリスト教』北海道大学出版会。

臨床仏教研究所編、2009、『なぜ寺院は公益性を問われるのか』白馬社。

渡邊太、2001、「キリスト教のボランティア活動——救援と救済のジレンマをめぐって」三木英編『復興と宗教——震災後の人と社会を癒すもの』東方出版。

渡辺芳、2010、『自立の呪縛——ホームレス支援の社会学』新泉社。

Soul in 釜ヶ崎編、2008、『貧魂社会ニッポンへ——釜ヶ崎からの発信』アットワークス。

Baker, C. and Skinner, H., 2006, *Faith in Action: The Dynamic Connection between Spiritual and Religious Capital*, Manchester: William Temple Foundation.
Chapman, Rachael, 2009, 'Faith and the Voluntary Sector in Urban Governance: Distinctive yet Similar?', in Adam Dinham, Robert Furbey and Vivien Lowndes (eds.) *Faith in the Public Realm*, Bristol: The Policy Press.
Fowler, E, 1996, *Sannya Blues: Laboring Life in Contemporary Tokyo*, Cornell University Press.（＝1998, 川島めぐみ訳『山谷ブルース——〈寄せ場〉の文化人類学』洋泉社。）
Lofland, John and Rodney Stark, 1965, "Becoming a World-Saver: A Theory of Conversion to Deviant Perspective,"

American Sociological Review, 30, pp.862–875.
McGuire, Meredith B., 2002, *Religion: the Social Context* (5th edition), Balmont, CA: Wadsworth Thompson Learnin.（＝2008、山中弘・伊藤雅之・岡本亮輔訳『宗教社会学——宗教と社会のダイナミックス』明石書店。）
Mullins, Mark R., 1998, *Christianity Made in Japan; A Study of Indigenous Movements*, University of Hawaii Press.（＝2005、高崎恵訳『メイド・イン・ジャパンのキリスト教』トランスビュー。）
Putnam, R.1993, *Making Democracy Work: Civic Traditions in Modern Italy New Jersey*, Princeton: Princeton University Press.（＝2001、河田潤一訳『哲学する民主主義——伝統と改革の市民的構造』ＮＴＴ出版。）
Putnam, R., 2000, *Bowling Alone: The Collapse and Revival of American Community*, New York: Simon & Schuster.（＝2006、芝内康文訳『孤独なボーリング』柏書房。）
Smidt, Crowin eds., 2003, *Religions as Social Capital: Producing the Common Good*, Texas: Baylor University Press.
Unruh, Heidi Rolland and Ronald J. Sider, 2005, *Saving Souls, Serving Society*, New York: Oxford University Press.

【資料1】ホームレスの自立の支援等に関する特別措置法（平成十四年八月七日法律第百五号）

第一章　総則

（目的）
第一条　この法律は、自立の意思がありながらホームレスとなることを余儀なくされた者が多数存在し、健康で文化的な生活を送ることができないでいるとともに、地域社会とのあつれきが生じつつある現状にかんがみ、ホームレスの自立の支援、ホームレスとなることを防止するための生活上の支援等に関し、国等の果たすべき責務を明らかにするとともに、ホームレスの人権に配慮し、かつ、地域社会の理解と協力を得つつ、必要な施策を講ずることにより、ホームレスに関する問題の解決に資することを目的とする。
（定義）
第二条　この法律において「ホームレス」とは、都市公園、河川、道路、駅舎その他の施設を故なく起居の場所とし、日常生活を営んでいる者をいう。

（ホームレスの自立の支援等に関する施策の目標等）

第三条　ホームレスの自立の支援等に関する施策の目標は、次に掲げる事項とする。

一　自立の意思があるホームレスに対し、安定した雇用の場の確保、職業能力の開発等による就業の機会の確保、住宅への入居の支援等による安定した居住の場所の確保並びに健康診断、医療の提供等による保健及び医療の確保に関する施策並びに生活に関する相談及び指導を実施することにより、これらの者を自立させること。

二　ホームレスとなることを余儀なくされるおそれのある者が多数存在する地域を中心として行われる、これらの者に対する就業の機会の確保、生活に関する相談及び指導の実施その他の生活上の支援により、これらの者がホームレスとなることを防止すること。

三　前二号に掲げるもののほか、宿泊場所の一時的な提供、日常生活の需要を満たすために必要な物品の支給その他の緊急に行うべき援助、生活保護法（昭和二十五年法律第百四十四号）による保護の実施、国民への啓発活動等によるホームレスの人権の擁護、地域における生活環境の改善及び安全の確保等により、ホームレスに関する問題の解決を図ること。

2　ホームレスの自立の支援等に関する施策については、ホームレスの自立のためには就業の機会が確保されることが最も重要であることに留意しつつ、前項の目標に従って総合的に推進されなければならない。

（ホームレスの自立への努力）

第四条　ホームレスは、その自立を支援するための国及び地方公共団体の施策を活用すること等により、自らの自立に努めるものとする。

（国の責務）
第五条　国は、第三条第一項各号に掲げる事項につき、総合的な施策を策定し、及びこれを実施するものとする。
（地方公共団体の責務）
第六条　地方公共団体は、第三条第一項各号に掲げる事項につき、当該地方公共団体におけるホームレスに関する問題の実情に応じた施策を策定し、及びこれを実施するものとする。
（国民の協力）
第七条　国民は、ホームレスに関する問題について理解を深めるとともに、地域社会において、国及び地方公共団体が実施する施策に協力すること等により、ホームレスの自立の支援等に努めるものとする。

第二章　基本方針及び実施計画

（基本方針）
第八条　厚生労働大臣及び国土交通大臣は、第十四条の規定による全国調査を踏まえ、ホームレスの自立の支援等に関する基本方針（以下「基本方針」という。）を策定しなければならない。
2　基本方針は、次に掲げる事項について策定するものとする。
一　ホームレスの就業の機会の確保、安定した居住の場所の確保、保健及び医療の確保並びに生活に関する相談及び指導に関する事項
二　ホームレス自立支援事業（ホームレスに対し、一定期間宿泊場所を提供した上、健康診断、身元の確認並びに生活に関する相談及び指導を行うとともに、就業の相談及びあっせん等を行うことにより、そ

の自立を支援する事業をいう。）その他のホームレスの個々の事情に対応したその自立を総合的に支援する事業の実施に関する事項

三　ホームレスとなることを余儀なくされるおそれのある者が多数存在する地域を中心として行われるこれらの者に対する生活上の支援に関する事項

四　ホームレスに対し緊急に行うべき援助に関する事項、生活保護法による保護の実施に関する事項、ホームレスの人権の擁護に関する事項並びに地域における生活環境の改善及び安全の確保に関する事項

五　ホームレスの自立の支援等を行う民間団体との連携に関する事項

六　前各号に掲げるもののほか、ホームレスの自立の支援等に関する基本的な事項

3　厚生労働大臣及び国土交通大臣は、基本方針を策定しようとするときは、総務大臣その他関係行政機関の長と協議しなければならない。

（実施計画）

第九条　都道府県は、ホームレスに関する問題の実情に応じた施策を実施するため必要があると認められるときは、基本方針に即し、当該施策を実施するための計画を策定しなければならない。

2　前項の計画を策定した都道府県の区域内の市町村（特別区を含む。以下同じ。）は、ホームレスに関する問題の実情に応じた施策を実施するため必要があると認めるときは、基本方針及び同項の計画に即し、当該施策を実施するための計画を策定しなければならない。

3　都道府県又は市町村は、第一項又は前項の計画を策定するに当たっては、地域住民及びホームレスの自立の支援等を行う民間団体の意見を聴くように努めるものとする。

第三章　財政上の措置等

（財政上の措置等）

第十条　国は、ホームレスの自立の支援等に関する施策を推進するため、その区域内にホームレスが多数存在する地方公共団体及びホームレスの自立の支援等を行う民間団体を支援するための財政上の措置その他必要な措置を講ずるように努めなければならない。

（公共の用に供する施設の適正な利用の確保）

第十一条　都市公園その他の公共の用に供する施設を管理する者は、当該施設をホームレスが起居の場所とすることによりその適正な利用が妨げられているときは、ホームレスの自立の支援等に関する施策との連携を図りつつ、法令の規定に基づき、当該施設の適正な利用を確保するために必要な措置をとるものとする。

第四章　民間団体の能力の活用等

（民間団体の能力の活用等）

第十二条　国及び地方公共団体は、ホームレスの自立の支援等に関する施策を実施するに当たっては、ホームレスの自立の支援等について民間団体が果たしている役割の重要性に留意し、これらの団体との緊密な連携の確保に努めるとともに、その能力の積極的な活用を図るものとする。

（国及び地方公共団体の連携）

第十三条　国及び地方公共団体は、ホームレスの自立の支援等に関する施策を実施するに当たっては、相互の緊密な連携の確保に努めるものとする。

（ホームレスの実態に関する全国調査）
第十四条　国は、ホームレスの自立の支援等に関する施策の策定及び実施に資するため、地方公共団体の協力を得て、ホームレスの実態に関する全国調査を行わなければならない。

附則

（施行期日）
第一条　この法律は、公布の日から施行する。

（この法律の失効）
第二条　この法律は、この法律の施行の日から起算して十五年を経過した日に、その効力を失う。

（検討）
第三条　この法律の規定については、この法律の施行後五年を目途として、その施行の状況等を勘案して検討が加えられ、その結果に基づいて必要な措置が講ぜられるものとする。

【資料2】ホームレスの自立の支援等に関する基本方針
（平成二十五年七月三十一日厚生労働省・国土交通省告示第一号）

ホームレスの自立の支援等に関する特別措置法（平成十四年法律第百五号）第八条第一項の規定に基づきホームレスの自立の支援等に関する基本方針を次のように定め、ホームレスの自立の支援等に関する基本方針（平成二十年厚生労働省・国土交通省告示第一号）は廃止する。

目次

第四　都道府県等が策定する実施計画の作成指針
一　手続についての指針
二　実施計画に盛り込むべき施策についての指針
三　その他

第一　はじめに

ホームレスの自立の支援等に関する総合的な施策の推進は、平成十四年八月に成立したホームレスの自立の支援等に関する特別措置法（平成十四年法律第百五号。以下「法」という。）に基づき実施している。法においては、ホームレスの自立の支援等に関する施策の目標を明示するとともに、国及び地方公共団体の責務として、当該目標に関する総合的又は地方の実情に応じた施策の策定及び実施を位置付けている。国においては、平成十五年及び十九年に実施したホームレスの実態に関する全国調査（生活実態調査）を踏まえ、平成十五年七月及び二十年七月にホームレスの自立の支援等に関する基本方針を策定し、地方公共団体においては、この基本方針等に即して、必要に応じ、ホームレスに関する問題の実情に応じた施策を実施するための計画（以下「実施計画」という。）を策定しホームレスの自立の支援等を行ってきたところである。

平成二十四年一月に実施したホームレスの実態に関する全国調査（概数調査）によれば、路上等におけるホームレスの数については、全国で九、五七六人が確認され、平成十五年一月に実施された同全国調査の時点から一五、七二〇人減少しており、これまでのホームレスの自立の支援等に関する総合的な施策の推進等により、ホームレスが大幅に減少してきている。一方、このような路上等のホームレスの背後には、定まった住居を喪失し簡易宿泊所や終夜営業の店舗等で寝泊まりする等の不安定な居住環境にあり、路上と屋根のある場所とを行き来している層が存在するものと考えられる。

このような状況の下、平成二十四年六月には、十年間の限時法であった法の期限がさらに五年間延長されたことにより、引き続き法に基づく基本方針を策定し、総合的な施策の推進を図ることとなった。

本基本方針は、法の趣旨、平成二十四年に実施したホームレスの実態に関する全国調査（生活実態調査）で把握されたホームレスの状況の変化及びホームレス対策の実施状況等を踏まえ、ホームレスの自立の支援等に関する国としての基本的な方針について国民、地方公共団体及び関係団体に対し明示するものである。また、地方公共団体において実施計画を策定する際の指針を示すこと等により、ホームレスの自立の支援等に関する施策が総合的かつ計画的に実施され、もってホームレスの自立を積極的に促すとともに、新たにホームレスとなることを防止し、地域社会におけるホームレスに関する問題の解決が図られることを目指すものである。

第二　ホームレスに関する現状

一　ホームレスの現状

国は全国のホームレスの数及び生活実態を把握するため、地方公共団体の協力を得て、ホームレスの数については平成十五年よりすべての市町村（特別区を含む。以下同じ。）を対象にした概数調査（以下単に「概数調査」という。）を、生活実態については平成十五年、平成十九年及び平成二十四年の概ね五年毎に抽出による全国調査（以下「生活実態調査」という。）を実施している。

(1)　ホームレスの数

ホームレスの数については、平成二十四年概数調査によれば、九、五七六人となっており（ただし、福島県内の九町村については東日本大震災の影響により未実施。）、平成十五年概数調査の二五、二九六人と比べて、一五、七二〇人（六二・一％）減少している。ホームレスの数を都道府県別にみると、大阪府で二、四一七人（平成十五年概数調査においては七、七五七人）、次いで東京都が二、三六八人（同六、三六一人）となっており、この両都府において全国の約半数を占めている。さらに、市町村別では、全一、七四二市町村のうち四二四市町村でホームレスが確認され、このうち、ホームレスの数が五〇〇人以上は三自治体（平成十九年概数調査においては七自治体）、一〇〇人以上は一六自治体（同三五自治体）であるのに対し、一〇人未満は三一九自治体（同三八〇自治体）と約四分の三を占めている。

(2) ホームレスの生活実態

ホームレスの生活実態については、平成二十四年生活実態調査として、東京都特別区、政令指定都市（仙台市を除く。）及び平成二十三年概数調査において五〇人以上のホームレスが確認された市において、全体で約一、三〇〇人を対象に個別面接調査を行った。

ア 年齢

ホームレスの平均年齢は五九・三歳（平成十九年生活実態調査では、調査客対数が異なるものの平均年齢は五七・五歳）であり、また、年齢分布については六五歳以上が二九・〇％（同二一・〇％）となっており、ホームレスの高齢化が一層進んでいる。

イ 路上（野宿）生活の状況

(ア) 生活の場所については、生活の場所が定まっている者が八三・六％であり、このうち、「公園」

が二九・七％、「河川」が二九・一％となっている。

(イ) 路上（野宿）生活期間については、三年未満が三七・〇％であるのに対し、五年以上は四七・〇％（一〇年以上は二七・〇％）となっている。これを年齢階層別にみると、高齢層（六〇歳以上の者をいう。以下同じ。）ほど期間が長期化する傾向にあり、六五歳以上では一〇年以上の者が三三・六％となっている。また、路上（野宿）生活の期間と今後希望する生活との関係をみると、路上（野宿）生活期間が長くなるほど「今のままでいい」と回答した者の割合が高くなる傾向にあり、路上（野宿）生活期間が三年以上の者では、その割合は三八・八％となっている。

一方、今回の調査における路上（野宿）生活期間が一年未満である者の三三・二％が、五年以上前に初めて路上（野宿）生活をしており、路上と屋根のある場所との行き来を繰り返している層の存在が一定程度みられた。

(ウ) 仕事については、全体の六一・〇％が仕事をしており、その内容は「廃品回収」が七七・八％を占めている。仕事による平均的な収入月額については、一万円以上三万円未満が三四・一％と最も多く、次いで三万円以上五万円未満が三〇・二％となっており、平均収入月額は約三・六万円となっている。これを年齢階層別にみると、六五歳以上の者であっても五六・八％が収入のある仕事をしている。このように、高齢層ほど路上（野宿）生活が長期化する傾向は、路上等で仕事をし、一定の収入を得ながら生活ができていることへの自負もその背景にあると考えられる。

ウ　路上（野宿）生活までのいきさつ

路上（野宿）生活の直前の職業については、建設業関係の仕事が四五・九％、製造業関係の仕事が一四・六％を占めており、雇用形態は、「常勤職員・従業員（正社員）」（以下「常勤職」という。）

が四二・〇％と大きな割合を占め、「日雇」が二五・五％、「臨時・パート・アルバイト」が二三・八％となっている。また、路上（野宿）生活に至った理由としては、「仕事が減った」が三四・一％、「倒産・失業」が二八・四％、「病気・けが・高齢で仕事ができなくなった」が二〇・四％となっている。

若年層（四五歳未満の者をいう。以下同じ。）についてこれらの状況をみると、路上（野宿）生活の直前の雇用形態は、常勤職が他の年齢層と比べて少なくなっており、三五歳未満の層では常勤職が二三・五％となっている。最も長く就業していた業種も、サービス業が最も多く四七・一％となっており、建設業や製造業の常勤職又は「日雇」の多い高齢層とは異なる状況が認められる。また、路上（野宿）生活に至った理由としては、「人間関係がうまくいかなくて、仕事を辞めた」が三五・三％、「労働環境が劣悪なため、仕事を辞めた」が一七・六％、「借金取立により家を出た」が一一・八％、「家庭内のいざこざ」が一七・六％となっており、労働環境の変化や借金、家庭内の人間関係等の多様な問題が重なり合っていることが特徴としてあげられる。

エ　健康状態

現在の健康状態については、「悪い」と答えた者が二六・二％であり、このうち治療等を受けていない者が六四・二％となっている。なお、「二週間以上、毎日のように落ち込んでいた時期があった」と回答した者は六・九％となっており、うつ病等の精神疾患を有すると考えられる層も一定程度みられた。

オ　福祉制度等の利用状況

(ア)　福祉制度の利用状況については、巡回相談員に会ったことがある者は七八・四％であり、このうち相談をしたことがある者は三八・二%となっている。

また、緊急的な一時宿泊所であるホームレス緊急一時宿泊施設（以下「シェルター」という。）を知っている者は六五・三%であり、このうち利用したことがある者は一七・六%となっている。また、ホームレス自立支援施設（以下「自立支援センター」という。）を知っている者は六四・四%であり、このうち利用したことがある者は一〇・一%となっている。

シェルター及び自立支援センターの利用者の状況については、若年層が四四・〇%、利用前の路上（野宿）生活期間では一ヶ月未満の者が六一・一%を占めており、高齢層における路上（野宿）生活者が長期化しているのに対して、これらの施設利用者は、若年層や路上（野宿）生活期間が短い者が多くなっている。

また、自立支援センターの退所理由については、就労退所が二六・九%（「会社の寮・住み込み等による就労退所」が八・二%、「アパートを確保しての就労退所」が一八・七%）を占めるが、このうち「アパートを確保しての就労退所」している者を年齢階層別でみると、若年層が全体の二八・〇%を占めている。

さらに、就労退所した後に再び路上（野宿）生活に戻った者については、「病気やけが等による解雇」、「周囲とのトラブルや仕事になじめない」、「アパートの家賃の滞納」、「人間関係」等多面的な要因により路上に戻っている。

(イ) 民間支援団体による支援の利用経験については、「炊きだし」が最も多く五三・二%を占め、次いで「衣類、日用品等の提供」が三四・二%となっており、その情報入手経路は、「口コミ」が最も多く四〇・五%となっている。

カ　今後希望する生活について

今後希望する生活としては、「今のままでいい（路上（野宿）生活）」という者が最も多く三〇・五％となっており、次いで「アパートに住み、就職して自活したい」という者が二六・二％、「アパートで福祉の支援を受けながら、軽い仕事をみつけたい」が一一・九％となっている。なお、年齢層が高いほど「今のままでいい」という回答が多く六五歳以上の者では三七・〇％となっている。

キ　生活歴

家族との連絡状況については、家族・親族がいる者は七四・七％を占めているものの、このうち、この一年間に家族・親族との連絡が途絶えている者が七七・八％となっている。また、公的年金の保険料を納付していたことがある者は六九・九％であり、金融機関等に借金がある者は一六・〇％であった。

ク　行政や民間団体への要望及び意見

行政や民間団体への要望及び意見としては、仕事関連が一九・二％と最も多く、次いで住居関連が一八・五％となっている。

二　ホームレス対策の現状

ホームレス対策については、求人開拓、職業訓練、保健所等による健康相談及び訪問指導並びに生活保護法（昭和二十五年法律第百四十四号）による保護等の一般対策を実施している。このほか、特にホームレスを対象とした施策として、就労の観点からは、一定期間試行的に民間企業において雇用するトライアル雇用事業、地方公共団体や民間団体等から構成される協議会を活用して就業の機会の確保を図るホームレス等就業支援事業、技能の習得や資格の取得等を目的とした日雇労働者等技能講習事業を実施している。また、福祉の観点からは、巡回相談等を行うホームレス総合相談推進事業、宿所及び食事の提供や職業相談等を行うホームレス自立支援事業、緊急一時的な宿泊場所を提供するホームレス緊急一時宿泊事業を実施し、これらの雇用、保健医療、福祉及び住宅等の各分野にわたる施策を総合的に推進しているところである。

なお、平成二十年七月に策定された「ホームレスの自立の支援等に関する基本方針」（厚生労働省・国土交通省告示第一号）の策定以降、特に同年に起こったいわゆるリーマンショックの影響等に対応するため、ホームレス緊急一時宿泊事業については宿泊施設や民間賃貸住宅等の借上げによる設置形態を可能にする等、各事業について所要の拡充を図ってきたところである。

第三　ホームレス対策の推進方策

一　基本的な考え方

(1)　最近のホームレスに関する傾向・動向

ホームレスとなるに至った要因としては、倒産・失業等の仕事に起因するものや、病気やけが、人間関係、家庭内の問題等様々なものが複合的に重なり合っており、また、年齢層によってもその傾向は異なっている。この点、平成二十四年生活実態調査においては、ホームレスの高齢化や路上（野宿）生活の長期化の傾向が一層顕著となるとともに、平成十九年生活実態調査と同様に路上（野宿）生活を脱却した後、再び路上（野宿）生活に戻ってしまうホームレスの存在や、若年層については屋根のある場所との行き来の中で、路上（野宿）生活の期間が短期間になりやすいといった傾向が確認されたところである。

(2) 総合的なホームレス施策の推進

このようなホームレスの実態を十分に踏まえるとともに、今日の産業構造や雇用環境等の社会情勢の変化を捉えながら、総合的かつきめ細かなホームレス対策を講ずる必要がある。

特に、ホームレス対策は、ホームレスが自らの意思で安定した生活を営めるように支援することが基本である。このためには、就業の機会が確保されることが最も重要であり、併せて、安定した居住の場所が確保されることが必要である。その他、保健医療の確保、生活に関する相談及び指導等の総合的な自立支援施策を講ずる必要がある。なお、路上（野宿）生活を前提とした支援については、恒常的に実施するものではなく、あくまで緊急的かつ過渡的な施策として位置付ける必要がある。

(3) 地方公共団体におけるホームレス対策の推進

地域ごとのホームレスの数の違い等、ホームレス問題は地方公共団体ごとにその状況が大きく異なっており、このような地域の状況を踏まえた施策の推進が必要である。具体的には、ホームレスが多い市町村においては、二の取組方針に掲げる施策のうち地域の実情に応じて必要なものを積極的かつ総合的に実施し、また、ホームレスが少ない市町村においては、二の取組方針を参考としつつ、三の取組方針を踏まえ、広域的な施策の実施や既存施策の活用等により対応する。一方、国は、二の取組方針に掲げる施策に積極的に取り組むとともに、地域の実情を踏まえつつ、ホームレスが少ない地方公共団体も積極的にホームレス対策に取り組めるよう、その事業の推進に努める。

二 各課題に対する取組方針

(1) ホームレスの就業の機会の確保について

ホームレスの就業による自立を図るためには、ホームレス自らの意思による自立を基本として、ホームレスの個々の就業ニーズや職業能力に応じた対策を講じ、就業の機会の確保を図ることにより、安定した雇用の場の確保に努めることが重要である。

このため、就業による自立の意思があるホームレスに対して、国及び地方公共団体は、以下のとおり、ホームレスの自立の支援等を行っている民間団体との連携を図り、求人の確保や職業相談の実施、職業能力開発の支援等を行うとともに、地域の実情に応じた施策を講じていくことが必要である。

ア　ホームレスの雇用の促進を図るためには、ホームレスに関する問題について事業主等の理解を深める必要があり、事業主等に対する啓発活動を行う。

イ　ホームレスの就業の機会を確保するためには、ホームレスの個々の就業ニーズや職業能力に応じた求人開拓や求人情報の収集等が重要であることから、ホームレスの就職に結びつく可能性の高い職種の求人開拓やインターネット等を活用した求人情報等の収集に努め、民間団体とも連携を図り、それらの情報についてホームレスへの提供に努める。

ウ　ホームレスの就業ニーズを的確にとらえることができるように、自立支援センター等において、年齢等の特性を踏まえ、キャリアカウンセリングやきめ細かな職業相談等を実施する。

また、ホームレスの就職後の職場への定着を図るため、民間団体との連携を図り、必要に応じて、職場定着指導等の援助を行う。

エ　ホームレスの早期再就職の実現や雇用機会の創出を図るため、事業所での一定期間のトライアル雇用事業の実施により、ホームレスの新たな職場への円滑な適応を促進する。

オ　ホームレスの就業の機会を確保するためには、地方公共団体や地域の民間団体等が相互に密接な連携を図りつつ対策を講じていくことが重要であることから、これらの団体等で構成される協議会において、就業支援、就業機会確保支援、職場体験講習及び就職支援セミナー等を総合的に実施する。

カ　ホームレスの就業の可能性を高めるためには、求人側のニーズやホームレスの就業ニーズ等に応じた職業能力の開発及び向上を図ることが重要であることから、技能の習得や資格の取得等を目的とした技能講習や職業訓練の実施により、ホームレスの職業能力の開発及び向上を図る。

キ　直ちに常用雇用による自立が困難なホームレスに対しては、国及び地方公共団体においてＮＰＯ等の民間団体と連携しながら、事業所での軽易な作業等の就労機会の提供を通じて一般就労に向けた支援付きの就労体験やトレーニングを行う中間的就労（以下単に「中間的就労」という。）の場や多種多様な職種の開拓等に関する情報収集及び情報提供等を行う。

ク　ホームレスの就業による自立を支援するためには、ＮＰＯ等の民間団体との連携を図ることも重要であることから、ホームレスに対する求人情報等の提供や技能講習等の実施において連携を図る。

(2)　安定した居住の場所の確保について

ホームレス対策は、ホームレスが自らの意思で自立して生活できるように支援することが基本であり、ホームレス自立支援事業を通じて就労の機会が確保されること等により、地域社会の中で自立した日常生活を営むことが可能となったホームレスに対して、住居への入居の支援等により、安定した居住の場所を確保することが必要である。

このため、国、地方公共団体及び民間団体等が連携した上で、以下のとおり、地域の実情を踏まえつつ、公営住宅及び民間賃貸住宅を通じた施策を講ずることが重要である。

ア　高齢層の単身者が多いホームレスの実態にかんがみ、ホームレス自立支援事業等を通じて就労の機会が確保される等、自立した日常生活を営むことが可能と認められるホームレスに対しては、地域の住宅事情等を踏まえつつ、公営住宅の事業主体である地方公共団体において、優先入居の制度の活用等に配慮する。また、地方公共団体において、住宅確保要配慮者に対する賃貸住宅の供給の促進に関する法律（平成十九年法律第百十二号）第十条第一項に規定する居住支援協議会の枠組みも活用しつつ、民間賃貸住宅に関わる団体と自立支援センターその他福祉部局との連携を図るよう努める。

イ　民間賃貸住宅に関わる団体に対し、以下の事項を要請する。

(ア)　自立した日常生活を営むことが可能と認められるホームレスが、地域における低廉な家賃の民間賃貸住宅に関する情報を得られるよう、これらの情報のホームレスへの提供について、自立支援センターその他福祉部局との連携を図ること。

(イ)　ホームレスの大半が家族・親族との連絡が途絶えている実情にかんがみ、民間賃貸住宅への入居に際して必要となる保証人が確保されない場合において、民間の保証会社等に関する情報の提供について、自立支援センターその他福祉部局との連携を図ること。

(ウ)　各会員に対する研修等の場において、法の趣旨等を周知すること。

(3)　保健及び医療の確保について

ホームレスに対する保健医療の確保については、個々のホームレスのニーズに応じた健康相談、保健指導等による健康対策や結核検診等の医療対策を推進していくとともに、ホームレスの衛生状況を改善していく必要がある。このため、都道府県と市町村が連携し、ホームレスの健康状態の把握や清潔な衛生状態の保持に努めるとともに、疾病の予防、検査、治療等が包括的にできる保健医療及び福祉の連携・協力体制を強化することが重要である。

また、ホームレスについては、野宿という過酷な生活により結核を発症する者も少なくない。結核のり患率の高い地域等、特に対策を必要とする地域において、保健所、医療機関、福祉事務所等が密接な連携を図り、以下のような効果的な対策を行うことが必要である。

ア　ホームレスの健康対策の推進を図るため、保健所において窓口や巡回による健康相談、保健指導等を行う等、個々のニーズに応じた保健サービスが提供できる相談及び指導体制を整備し、必要な人材を確保する。

イ　保健所は、健康に不安を抱えるホームレスの疾病の早期発見に努めるため、健康相談等を積極的に実施し、医療の必要があると思われるホームレスが、適切な医療を受けられるよう、福祉事務所等と密接な連携を図りながら医療機関への受診につなげる。さらに、このような者について継続的な相談及び支援を実施する。

ウ　特に、結核にり患しているホームレスについては、服薬や医療の中断等の不完全な治療による結核再発や薬剤耐性化を防ぐため、訪問による服薬対面指導等を実施する。

エ　ホームレスに対する医療の確保を図るため、医師法（昭和二十三年法律第二百一号）第十九条第一項及び歯科医師法（昭和二十三年法律第二百二号）第十九条第一項に規定する医師及び歯科医師の診療に応ずる義務について改めて周知に努め、また、無料低額診療事業（社会福祉法（昭和二十六年法律第四十五号）第二条第三項第九号の無料低額診療事業をいう。以下同じ。）を行う施設の積極的な活用を図るとともに、病気等により急迫した状態にある者及び要保護者が医療機関に緊急搬送された場合については、生活保護の適用を行う。

オ　保健所は、ホームレスに対する保健医療サービスの充実が図られるよう、医療機関、福祉事務所、民間団体、地域住民等と連携・協力し、ホームレスが自ら健康づくりを行えるよう支援する。

(4)　生活に関する相談及び指導に関する事項について

ホームレスに対する生活相談や生活指導を効果的に進めるためには、個々のホームレスのニーズに応じた対応が必要であり、このようなニーズに的確に応えられるよう、以下のような関係機関の相互連携を強化した総合的な相談体制の確立が必要である。

ア　福祉事務所を中心として、関係機関や救護施設（生活保護法（昭和二十五年法律百四十四号）第三十八条第二項の救護施設をいう。）等の社会福祉施設が相互に連携して総合的な相談及び指導体制を確立する。

その際、それぞれの相談機能に応じて必要な人材を確保するとともに、研修等により職員の資質向上を図る。

イ　ホームレスは、路上（野宿）生活により健康状態が悪化しているケースが多く、身体面はもちろん、精神面においても対応が必要な場合がある。このため、健康相談として身体面のケアだけでなく、特にホームレスに対する心のケアについても精神保健福祉センターや保健所と連携して行う。また、巡回相談の実施に当たっては、必要に応じて精神科医等の専門職の活用を検討する。

ウ　各地方公共団体は、ＮＰＯ、ボランティア団体等の民間団体をはじめ、民生委員、社会福祉協議会、社会福祉士会及び地域住民との連携による積極的な相談事業を実施し、具体的な相談内容に応じて福祉事務所や公共職業安定所等の関係機関への相談につなげる。

また、洪水等の災害時においては、特にホームレスに被害が及ぶおそれがあることから、平時から、公共の用に供する施設を管理する者との連携を図る。

エ　相談を受けた機関は、生活相談だけでなく、相談結果に応じてシェルターの利用案内、自立支援センターへの入所指導、その他福祉及び保健医療施策の活用に関する助言、多重債務問題等専門的な知識が必要な事例に対する専門の相談機関の紹介や具体的な指導を行うとともに、関係機関に対し連絡を行う。

(5) ホームレス自立支援事業及びホームレスの個々の事情に対応した自立を総合的に支援する事業について

ア　ホームレス自立支援事業について

ホームレスに対し、宿所及び食事の提供、健康診断、生活に関する相談及び指導等を行い、自立に向けた意欲を喚起させるとともに、職業相談等を行うことにより、ホームレスの就労による自立を支援するホームレス自立支援事業を実施する。

(ア) ホームレス自立支援事業は、自立支援センターの入所者に対し、宿所及び食事の提供等、日常生活に必要なサービスを提供するとともに、定期的な健康診断を行う等必要な保健医療の確保を行う。

(イ) ホームレス自立支援事業においては、個々のホームレスの状況に応じた自立支援プログラムの策定等を行い、また、公共職業安定所との密接な連携の下で職業相談を行う等、積極的な就労支援を行う。

(ウ) ホームレス自立支援事業においては、社会生活に必要な生活習慣を身につけるための指導援助を行うとともに、住民登録、職業あっせん、求人開拓等の就労支援、住居に係る保証人の確保、住宅情報の提供その他自立阻害要因を取り除くための指導援助を行う。

(エ) 自立支援センターの退所者、特にアパート確保による就労退所者に対しては、その再路上化を防ぐため、個々の状況に応じた多面的なアフターケアに十分配慮するとともに、就労による退所後においても、必要に応じて自立支援センターで実施している研修等を利用できるように配慮する。また、入所期間中に就労できなかった者に対する必要な支援の実施にも努める。

(オ) ホームレス自立支援事業の実施主体については、市町村に限ることなく、都道府県も対象としていることから、広域的な事業の展開を図る。また、事業運営については、社会福祉法人への委託を行う等、民間団体の活用を図る。

(カ) 国は、ホームレスの自立支援としての効果や入所者への処遇の確保に十分配慮しつつ、地方公共団体が取り組みやすいような事業の推進に努める。

(キ) 自立支援センター等の設置に当たっては、地域住民の理解を得ることが必要であり、地域住民との調整に十分配慮するとともに、既存の公共施設や民間賃貸住宅等の社会資源を有効に活用することを検討する。

イ 個々の事情に対応した自立を総合的に支援する事業についてホームレスとなるに至った要因としては、倒産・失業等の仕事に起因するものや、病気やけが、人間関係、家庭内の問題等様々なものが複合的に重なり合い、さらに、社会生活への不適応、借金による生活破たん、アルコール依存症等の個人的要因も付加されて複雑な問題を抱えているケースも多い。このため、ホームレスの個人的要因を十分に把握しながら、ホームレスの状況や年齢に応じ、以下のような効果的な支援を実施する必要がある。

(ア)　就労する意欲はあるが仕事が無く失業状態にある者については、まずは、就業の機会の確保が必要であり、職業相談、求人開拓等の既存施策を進める等、各種の就業対策を実施する。

また、直ちに常用雇用による自立が困難なホームレスに対しては、地方公共団体においてNPO等と連携しながら、中間的就労の場や多種多様な職種の開拓等に関する情報収集及び情報提供等を行う。

さらに、自立支援センターの入所者に対しては、職業相談等により、就労による自立を図りながら、自立支援センターに入所していない者に対しては、総合的な相談事業の実施により、雇用関連施策と福祉関連施策の有機的な連携を図りながら、きめ細かな自立支援を実施する。

(イ)　医療や福祉等の援助が必要な者については、保健所における巡回検診や福祉事務所における各種相談事業等を積極的に行うとともに、無料低額診療事業を行う施設の積極的な活用等の対応の強化を図る。このうち、疾病や高齢により自立能力に乏しい者に対しては、医療機関や社会福祉施設への入所等既存の施策の中での対応を図る。

(ウ)　路上（野宿）生活期間が長期間に及んでいる者に対しては、粘り強い相談活動を通じ、社会との接点を確保する等、社会生活に復帰させるよう努める。

なお、現状としては、一度ホームレスになり、その期間が長期化した場合、脱却が難しくなるという実態があることから、できる限り路上（野宿）生活が早期の段階で、巡回相談により自立支援につながるように努める。

(エ)　若年層のホームレスに対する支援については、近年の雇用環境の変化を受けて、直ちに一般就労が難しい者に対しては中間的就労に取り組んでもらうため、ＮＰＯ等と連携しながら、このような中間的就労の場の推進・充実を図る。

(オ)　女性のホームレスに対しては、性別に配慮したきめ細かな自立支援を行うとともに、必要に応じて、婦人相談所や婦人保護施設等の関係施設とも十分連携する。このほか、ホームレスの特性により、社会的な偏見や差別を受け弱い立場に置かれやすい者に対しては、配慮を行うものとする。

(カ)　上記以外にも、ホームレスは様々な個人的要因が複合的に絡み合った問題を抱えているため、個々のケースごとに関係機関との密接な連携の下、柔軟に対応する。

(6)　ホームレスとなることを余儀なくされるおそれのある者が多数存在する地域を中心として行われるこれらの者に対する生活上の支援についてホームレスとなることを余儀なくされるおそれのある者としては、一般的には、現に失業状態にある者、日雇労働等の不安定な就労関係にある者であって、定まった住居を失い、簡易宿泊所や終夜営業店舗に寝泊まりする等の不安定な居住環境にある者が想定される。

これらの者に対しては、就業の機会の確保や雇用の安定化を図ることが必要であるとともにシェルターによる当面の一時的な居住の場所の確保や安定した住居の確保のための相談支援等、路上（野宿）生活にならないような施策を実施することが必要である。

ア　ホームレスとなることを余儀なくされるおそれのある者が多数存在する地域において、それらの者がホームレスとならないよう、国及び地方公共団体は相互の連携を図り、年齢等の特性を踏まえ、キャリアカウンセリングやきめ細かな職業相談等の充実強化によって、就業機会の確保や雇用の安定化を図る。

イ　ホームレスとなることを余儀なくされるおそれのある者の就業の可能性を高めるため、技能講習により、技術革新に対応した新たな技能や複合的な技能を付与し、また再就職の実現や雇用機会の創出を図るため、事業所での一定期間のトライアル雇用事業を実施する。

ウ　経済情勢の変化の中で、雇用機会の減少に伴う収入の減少により、簡易宿泊所等での生活が困難な者が路上（野宿）生活になることもあるため、シェルター等による当面の一時的な居住の場所の確保を図る。

また、ホームレス等就業支援事業等において、安定した住居の確保のための相談支援を行う。

エ　ホームレスとなることを余儀なくされるおそれのある者に対しても、関係機関と関係団体が連携しながら、ホームレスと同様に積極的な相談活動を実施するとともに、ホームレス等就業支援事業等による相談支援を実施することにより、具体的な相談内容に応じて福祉事務所や公共職業安定所等の関係機関への相談につなげ、路上（野宿）生活に至ることのないように配慮する。

(7)　ホームレスに対し緊急に行うべき援助に関する事項及び生活保護法による保護の実施に関する事項について

ア　ホームレスに対し緊急に行うべき援助について

ホームレスの中には、長期の路上（野宿）生活により、栄養状態や健康状態が悪化している場合があり、このような者に対しては医療機関への入院等の対応を緊急に講ずることが必要となってくる。

(ア)　病気等により急迫した状態にある者及び要保護者が医療機関に緊急搬送された場合について、

生活保護による適切な保護に努める。

福祉事務所は、治療後再び路上（野宿）生活に戻ることのないよう、関係機関と連携して、自立を総合的に支援する。

(イ) 居所が緊急に必要なホームレスに対しては、シェルターの整備を行うとともに、無料低額宿泊事業（社会福祉法第二条第三項第八号の無料低額宿泊事業をいう。以下同じ。）を行う施設を活用して適切な支援を行う。

(ウ) 福祉事務所や保健所等における各種相談事業を通じて、緊急的な援助を必要としているホームレスの早期発見に努めるとともに、発見した場合には、関係機関等に速やかに連絡する等、早急かつ適切な対応を講ずる。

イ 生活保護法による保護の実施に関する事項について

ホームレスに対する生活保護の適用については、一般の者と同様であり、単にホームレスであることをもって当然に保護の対象となるものではなく、また、居住の場所がないことや稼働能力があることのみをもって保護の要件に欠けるということはない。このような点を踏まえ、資産、稼働能力や他の諸施策等あらゆるものを活用してもなお最低限度の生活が維持できない者について、最低限度の生活を保障するとともに、自立に向けて必要な保護を実施する。

この際、福祉事務所においては、以下の点に留意し、ホームレスの状況に応じた保護を実施する。

(ア) ホームレスの抱える問題（精神的・身体的状況、日常生活管理能力、金銭管理能力、稼働能力等）を十分に把握した上で、自立に向けての指導援助の必要性を考慮し、適切な保護を実施する。

(イ) ホームレスの状況（日常生活管理能力、金銭管理能力等）からみて、直ちに居宅生活を送ることが困難な者については、保護施設や無料低額宿泊事業を行う施設等において保護を行う。この場合、関係機関と連携を図り、居宅生活へ円滑に移行するための支援体制を十分に確保し、就業の機会の確保、療養指導、家計管理等の必要な支援を行う。

(ウ) 居宅生活を送ることが可能であると認められる者については、当該者の状況に応じ必要な保護を行う。この場合、関係機関と連携して、再びホームレスとなることを防止し居宅生活を継続するための支援や、居宅における自立した日常生活の実現に向けた就業の機会の確保等の必要な支援を行う。

(8) ホームレスの人権の擁護に関する事項について

基本的人権の尊重は、日本国憲法の柱であり、民主主義国家の基本でもある。ホームレスの人権の擁護については、ホームレス及び近隣住民の双方の人権に配慮しつつ、以下の取組により推進することが必要である。

ア ホームレスに対する偏見や差別的意識を解消し、人権尊重思想の普及高揚を図るための啓発広報活動を実施する。

イ 人権相談等を通じて、ホームレスに関し、通行人からの暴力、近隣住民からの嫌がらせ等の事案を認知した場合には、関係機関と連携・協力して当該事案に即した適切な解決を図る。

ウ 自立支援センターやシェルター等のホームレスが入所する施設において、入所者の人権の尊重と尊厳の確保に十分配慮するよう努める。

(9) 地域における生活環境の改善に関する事項について

都市公園その他の公共の用に供する施設を管理する者は、当該施設をホームレスが起居の場所とすることによりその適正な利用が妨げられているときは、ホームレスの人権にも配慮しながら、当該施設の適正な利用を確保するため、福祉部局等と連絡調整し、ホームレスの自立の支援等に関する施策との連携を図りつつ、以下の措置を講ずることにより、地域における生活環境の改善を図ることが重要である。

ア　当該施設内の巡視、物件の撤去指導等を適宜行う。

イ　アのほか、必要と認める場合には、法令の規定に基づき、監督処分等の措置をとる。
　また、洪水等の災害時においては、特にホームレスに被害が及ぶおそれがあることから、福祉部局等と連絡調整し、配慮して対応する。

⑽　地域における安全の確保等に関する事項について

地域における安全の確保及びホームレスの被害防止を図るためには、警察が国、地方公共団体等の関係機関との緊密な連携の下に、ホームレスの人権に配慮し、かつ、地域社会の理解と協力を得つつ、以下のとおり地域安全活動、指導・取締り等を実施していくことが重要である。

ア　パトロール活動の強化により、地域住民等の不安感の除去とホームレス自身に対する襲撃等の事件・事故の防止活動を推進する。

イ　地域住民等に不安や危害を与える事案、ホームレス同士による暴行事件については、速やかに指導・取締り等の措置を講ずるとともに警戒活動を強化して再発防止に努める。

ウ　緊急に保護を必要と認められる者については、警察官職務執行法（昭和二十三年法律第百三十六号）等に基づき、一時的に保護し、その都度、関係機関に引き継ぐ等、適切な保護活動を推進する。

⑾　ホームレスの自立の支援を行う民間団体との連携に関する事項について

ホームレスの自立を支援する上では、ホームレスの生活実態を把握しており、ホームレスに最も身近な地域のＮＰＯ、ボランティア団体、民生委員、社会福祉協議会及び社会福祉士会等との以下のような連携が不可欠である。特にＮＰＯ、ボランティア団体は、ホームレスに対する生活支援活動等を通じ、ホームレスとの面識もあり、個々の事情に対応したきめ細かな支援活動において重要な役割を果たすことが期待される。

ア　地方公共団体は、ホームレスと身近に接することの多い、ＮＰＯ、ボランティア団体、民生委員、社会福祉協議会及び社会福祉士会等との定期的な情報交換や意見交換を行う。

また、行政、民間団体、地域住民等で構成する協議会を設け、ホームレスに関する各種の問題点について議論し、具体的な対策を講じる。

イ　地方公共団体は、民間団体等に対して、実施計画や施策についての情報提供を行うほか、各団体間の調整、団体からの要望に対して、行政担当者や専門家による協議を行う等各種の支援を行う。

ウ　また、ホームレスに対し、地方公共団体が行う施策について、これらの民間団体に運営委託を行う等、その能力の積極的な活用を図る。

⑿　その他、ホームレスの自立の支援等に関する基本的な事項について

ア　近年の福祉行政をめぐる様々な課題の背景として、核家族化の進行や地域住民の相互のつながりの希薄化が指摘されている。ホームレス問題についても、失業等に直面した場合に、このような家族の扶養機能や地域の支援機能等の低下の中で、家族や地域のセーフティネットが十分に機能しなくなっているという社会的孤立の問題が背景にあり、問題をホームレスに特化したものとして考えるだけでなく、社会全体の問題としてとらえる必要がある。

このようなホームレス問題の解決を図るためには、ホームレスの自立を直接支援する施策を実施するとともに、路上（野宿）生活を脱却したホームレスが再度路上（野宿）生活に陥ることを防止し、新たなホームレスを生まない地域社会づくりを実現するため、以下のとおり地域福祉の推進を図ることが重要である。

(ア) 地域福祉の総合的かつ計画的な推進を図るため、住民の主体的な参加による都道府県地域福祉支援計画や市町村地域福祉計画の策定を促進する。

(イ) ＮＰＯや地域住民等によるボランティアの幅広い参加により、地域福祉を住民全体で支え合う「共助」の社会の構築を目指し、ＮＰＯ等が活動しやすい環境づくりを支援する。

(ウ) 民生委員活動の円滑な遂行及び充実を図るとともに、研修等の推進を通じて、委員の資質の向上を図る。

(エ) 認知症高齢者、知的障害者、精神障害者等のうち、判断能力が不十分なものに対して、福祉サービスの利用支援や日常的金銭管理等の援助を行う日常生活自立支援事業の利用の推進を図る。

イ　若年層の中には、不安定な就労を繰り返し、路上（野宿）生活に陥る者も少なからずいる。これらの者は、勤労の意義を十分に理解していないこと、あるいはキャリア形成に対する意識が低いこと等、様々な要因により、そのような状況に陥っていると考えられる。学校教育の段階では、多様なキャリア形成に共通して必要な能力や態度の育成を通じ、とりわけ勤労観や職業観を自ら形成・確立できるよう、各学校段階を通じた体系的なキャリア教育を推進する。

三　ホームレス数が少ない地方公共団体の各課題に対する取組方針

ホームレス数が少ない地方公共団体においても、ホームレスの数が少ない段階で、きめ細かな施策を実施することにより、ホームレスの増加を防ぐことが重要である。このため、以下の点を踏まえ、積極的にホームレス対策を講ずる必要がある。

(1) 地域に根ざしたきめ細かな施策を必要とするホームレス施策は、本来、市町村が中心となって実施すべきである。しかしながら、市町村レベルでほとんどホームレスがいない場合には、広域市町村圏や都道府県が中心となって、施策を展開することも必要であり、特に、施設の活用については、広域的な視野に立った活用や、既存の公共施設や民間賃貸住宅等の社会資源の活用を検討する。

(2) ホームレスのニーズを的確につかむためには、相談事業の実施が不可欠であり、福祉事務所の窓口相談だけでなく、関係団体と連携しながら積極的に巡回相談を実施するとともに、個々のニーズに応じて、雇用や住宅、保健医療等の関係部局と連携して対応する。

(3) ホームレス対策の多くは、既存の福祉や雇用等の各種施策の延長上にあるため、既存施策の実施や充実の際には、ホームレス問題にも配慮して実施する。

四 総合的かつ効果的な推進体制等

(1) 国の役割と連携

国はホームレス対策に関する施策の企画立案を行う。また、効果的な施策の展開のための調査研究、ホームレス問題やそれに対する各種の施策についての地域住民に対する普及啓発、又は関係者に対する研修等を行う。

さらに、地方公共団体や関係団体におけるホームレスの自立の支援に関する取組を支援するため、各種の情報提供を積極的に行うとともに、財政上の措置その他必要な措置を講ずるよう努める。

(2) 地方公共団体の役割と連携

都道府県は、本基本方針に即して、市町村におけるホームレス対策が効果的かつ効率的に実施されるための課題について検討した上で、必要に応じてホームレス対策に関する実施計画を策定し、それに基づき、地域の実情に応じて計画的に施策を実施する。

その際、広域的な観点から、市町村が実施する各種施策が円滑に進むよう、市町村間の調整への支援、市町村における実施計画の策定や各種施策の取組に資する情報提供を行う等の支援を行うとともに、必要に応じて、自らが中心となって施策を実施する。

市町村は、本基本方針や都道府県の策定した実施計画に即して、必要に応じてホームレス対策に関する実施計画を策定し、それに基づき、地域の実情に応じて計画的に施策を実施する。

その際、ホームレスに対する各種相談や自立支援事業等の福祉施策を自ら実施するだけでなく、就労施策や住宅施策等も含めた、ホームレスの状況に応じた個別的かつ総合的な施策を実施するとともに、このような施策の取組状況等について積極的に情報提供を行う。

なお、実施計画を策定しない地方公共団体や策定過程にある地方公共団体においても、必要に応じて、積極的にホームレスの自立支援に向けた施策を実施する。

また、地方公共団体において、ホームレスの自立支援に関する事業を実施する際には、関係団体と十分連携しつつ、その能力の積極的な活用を図る。

(3) 関係団体の役割と連携

ホームレスの生活実態を把握し、ホームレスにとって最も身近な存在であるＮＰＯ、ボランティア団体、社会福祉協議会等の民間団体は、ホームレスに対する支援活動において重要な役割を担うとともに、地方公共団体が行うホームレスに対する施策に関し、事業の全部又は一部の委託を受ける等、行政の施策においても重要な役割を担っている。

その際、関係団体は、自らが有する既存の施設や知識、人材等を積極的に活用して事業を行うよう努めるとともに、地方公共団体が自ら実施する事業についても積極的に協力を行うよう努めるものとする。

五　基本方針のフォローアップ及び見直し

本基本方針については以下のとおり見直しをすることとする。

(1)　本基本方針の運営期間は、この告示の公布の日から起算して五年間とする（ただし、当該期間中に法が失効した場合には、法の失効する日までとする。このほか、特別の事情がある場合には、この限りではない。）。

(2)　基本方針の見直しに当たっては、運営期間の満了前に基本方針に定めた施策についての政策評価等を行うとともに公表することとする。

なお、この政策評価等を行う場合には、ホームレスの数、路上（野宿）生活の期間、仕事や収入の状況、健康状態、福祉制度の利用状況等について、再度実態調査を行い、この調査結果に基づき行うものとする。ただし、特別の事情がある場合には、この限りではない。

(3)　基本方針の見直しに際しては、必要に応じて地方公共団体の意見を聴取するとともに、行政手続法による意見聴取手続（パブリックコメント）を通じて、有識者や民間団体を含め、広く国民の意見を聴取するものとする。

第四　都道府県等が策定する実施計画の作成指針

法第九条第一項又は第二項の規定に基づき、地方公共団体が実施計画を策定する場合には、福祉や雇用、住宅、保健医療等の関係部局が連携し、次に掲げる指針を踏まえ策定するものとする。また、実施計画を策定した都道府県の区域内の市町村が実施計画を策定する場合には、この指針のほかに、都道府県の実施計画も踏まえ策定するものとする。

一　手続についての指針

(1)　実施計画の期間

実施計画の計画期間は、都道府県が策定し、公表した日から起算して五年間とする。(ただし、当該期間中に法が失効した場合には法の失効する日までとする。このほか、特別の事情がある場合には、この限りではない。)

(2)　実施計画策定前の手続

ア　現状や問題点の把握

実施計画の策定に際しては、ホームレスの実態に関する全国調査における当該地域のデータ等によりホームレスの数や生活実態の把握を行うとともに、関係機関や関係団体と連携しながら、ホームレスの自立支援に関する施策の実施状況について把握し、これに基づきホームレスに関する問題点を把握する。

イ　基本目標

アの現状や問題点の把握に基づいて、実施計画の基本的な目標を明確にする。

ウ　関係者等からの意見聴取

実施計画の策定に当たっては、当該地域のホームレスの自立の支援等を行う民間団体等、ホームレス自立支援施策関係者からの意見を幅広く聴取するとともに、当該地域の住民の意見も聴取する。

(3) 実施計画の評価と次期計画の策定

ア 評価

実施計画の計画期間の満了前に、当該地域のホームレスの状況等を客観的に把握するとともに、関係者の意見を聴取すること等により、実施計画に定めた施策の評価を行う。

イ 施策評価結果の公表

アの評価により得られた結果は公表する。

ウ 次の実施計画の策定

アの評価により得られた結果は、次の実施計画を策定するに際して参考にする。

二 実施計画に盛り込むべき施策についての指針

実施計画には、第三の二及び三に掲げたホームレス対策の推進方策に関する各課題に対する取組方針を参考にしつつ、当該取組方針のうち地方公共団体において実施する必要がある施策や、地方公共団体が独自で実施する施策を記載する。

三 その他

実施計画の策定や実施計画に定めた施策の評価等に際しては、一(2)ウ及び一(3)アにより、関係者の意見の聴取を行うほか、公共職業安定所、公共職業能力開発施設、都道府県警察等の関係機関とも十分に連携する。

また、都道府県においては、この実施計画の作成指針の他に、区域内の市町村が実施計画を策定する際に留意すべき点がある場合には、その内容について、都道府県が策定する実施計画に記載する。

あとがき

本書は、関西学院大学大学院社会学研究科に提出し、二〇一二年三月に学位を授与された博士論文がもとになっている。この博士論文は二〇〇三年から二〇一〇年にかけておこなった調査研究の成果をまとめたものだが、本書の出版に際し、追加調査をおこない大幅に加筆修正をおこなった。

早いもので「現代日本における宗教の社会参加」という研究テーマに着手するようになって一〇年以上が経過する。この研究を開始した当初は国内に先行研究が乏しく、茨の道のように思えたが、様々な学恩に浴すことで何とか単著を刊行することができた。

私がこの研究テーマに着手するきっかけは、長年在籍した関西学院大学社会学部・関西学院大学院社会学研究科での学びにある。多くの先生にお世話になったが、とりわけ学部時代からマイノリティ研究や質的社会調査の意義を教えてくださった三浦耕吉郎先生と宗教社会学の魅力を教えてくださった対馬路人先生にお礼を述べたい。また、病魔と闘いながら博士論文の主査を引き受けてくださった大村英昭先生には感謝の念に堪えない。大村先生から博士論文を早く書くよう促されなければ、いつまでも研究成果を形にすることに臆病になっていたと思う。

同じ研究科に属する仲間たちと切磋琢磨できたことも大きな財産となっている。なかでも一学年上にホームレス研究をおこなっていた山北輝裕さんがいたことは大きな刺激になった。山北さんの研究に学びつつ、差異化を図る必要もあったことから、大学院のときはがむしゃらに調査・研究に奔走していた。本書が一風変わったホームレス研究となっているのもこうした背景によるところが大きい。

博士課程前期課程においては、あいりん地域に限定して調査・研究をおこなってきたが、博士課程後期課程からは、東京や沖縄に調査フィールドを広げていった。それが可能となったのは関西学院大学社会学部が採択された21世紀COEプログラム「人類の幸福に資する社会調査」の経済的なバックアップがあったからにほかならない。

また、二〇〇八年から二〇一一年にかけて筆者は大阪市立大学都市研究プラザのグローバルCOE特別研究員、二〇一二年には同大学都市研究プラザの博士研究員として採用されることで、新たな研究環境に恵まれた。都市研究プラザでは「社会包摂」という共通キーワードのもと、社会学のみならず地理学、社会福祉学、社会政策学、建築学など様々な観点からホームレス問題を理解する機会を得ることができた。大阪市立大学都市研究プラザとのかかわりのなかで、自身の研究を都市問題と絡めることの意義を実感することができた。一緒に学んだ研究仲間、私の受け入れ教員となってくださった水内俊雄教授には心よりお礼を申し上げたい。

これらのほか、「宗教社会学の会」、「ホームレス研究会」、「「宗教と社会貢献」研究会」で交わした議論や頂戴したコメントが本書の執筆内容に反映していることも記しておきたい。大学院在籍時から自身の所属を超えて積極的に「他流試合」をやってきたが、そこで得たネットワークや知見は私の大事な財産となっている。一人一人の名前を出すことはできないが感謝の念を表したい。

本書を刊行するきっかけを与えてくださったのは大谷栄一先生である。今後の私のキャリアを案じて単著刊行を急ぐべきだとのアドバイスをくださり、ナカニシヤ出版を推薦していただいた。背中を押してくださった大谷先生、そして出版を引き受けてくださり、編集の労をとってくださった酒井敏行さんに謝意を表します。なお、本書の刊行にあたっては二〇一四年度関西学院大学研究叢書出版助成金を使わせていただいた。重ねてお礼を申し上げたい。

調査に協力してくださった方々のおかげでひとまず自身の研究にひとつの区切りができた。しかし、これはあくまでも通過点でしかない。本書を読んでいただいた方々からご指導をいただきながら、今後も調査・研究を継続する予定である。

最後に私の研究生活をバックアップしてくれた家族に感謝したい。私は中学生一年生のときに父を病気で亡くした。その後、病弱な体に鞭を打ちながら懸命に私を育ててくれたのが母である。いつ経済的に自立できるかわからない研究者人生を歩み出した私をいつも温かく見守ってくれた母にはとても感謝している。学問に通じた人ではなかったが、私の書いたものを楽しみに読んでくれていた姿が今でも目に焼き付いている。母は博士論文を執筆している最中、六一歳の短い生涯を終えた。生前に間に合わなかったが、こうして単著が刊行されたことを誰よりも喜ぶのは母であろう。また、調査や執筆を理由に家を不在にすることが多い私を温かく受け入れ、いつも応援してくれる妻の彩子と妻の両親に心から感謝したい。これからもわがままな生活を続けると思うが、どうかこの調子で応援し続けてもらえると幸いである。

白波瀬達也

白波瀬達也（しらはせ・たつや）
1979年生まれ。関西学院大学社会学部卒業、関西学院大学大学院社会学研究科博士課程後期課程単位取得満期退学。博士（社会学）。大阪市立大学都市研究プラザGCOE特別研究員を経て関西学院大学社会学部助教。2015年4月より関西学院大学社会学部准教授。共編著に『釜ヶ崎のススメ』（洛北出版、2011年）。

関西学院大学研究叢書第167編
宗教の社会貢献を問い直す
ホームレス支援の現場から

2015年4月30日　初版第1刷発行　（定価はカバーに表示してあります）

著　者　白波瀬達也
発行者　中西健夫
発行所　株式会社ナカニシヤ出版
〒606-8161　京都市左京区一乗寺木ノ本町15番地
TEL 075-723-0111　FAX 075-723-0095
http://www.nakanishiya.co.jp/

装幀＝白沢正
印刷・製本＝亜細亜印刷

＊落丁本・乱丁本はお取替え致します。
Printed in Japan.　ISBN978-4-7795-0960-5　C1036

社会的なもののために

市野川容孝・宇城輝人　編

平等・連帯・自律の基盤たる〈社会的なもの〉の再生のために、気鋭の思想家たちが徹底的に討議。暗闇の時代に、来るべき〈政治〉にむけて、ソーシャルの理念を取り戻すために。

二八〇〇円＋税

同化と他者化
――戦後沖縄の本土就職者たち――

岸　政彦

復帰前、「祖国」へのあこがれと希望を胸に本土へ渡った沖縄の若者たち。しかしそれは壮大な「沖縄への帰還」の旅でもあった。沖縄的アイデンティティのあり方を探る。

三六〇〇円＋税

『サークル村』と森崎和江
――交流と連帯のヴィジョン――

水溜真由美

分断と格差を越える横断的連帯を構想した『サークル村』。谷川雁、上野英信、そして森崎和江を中心に、彼らの構想した交流と連帯のヴィジョンを探り、その現代的意義を問う。

三八〇〇円＋税

資本主義の新たな精神

ボルタンスキー＋シャペロ著／三浦直希他訳

六八年五月を頂点に燃え上がった「批判」はなぜその力を失ったのか。新自由主義の核心に迫り、資本主義が引き起こす破壊に立ち向かうための「批判」の再生を構想する。

上下巻　各五五〇〇円＋税

表示は本体価格です。